HISTOIRE

DE

L'ORNEMENTATION

DES MANUSCRITS

1860

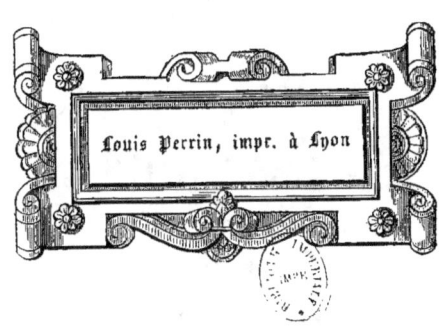

Louis Perrin, impr. à Lyon

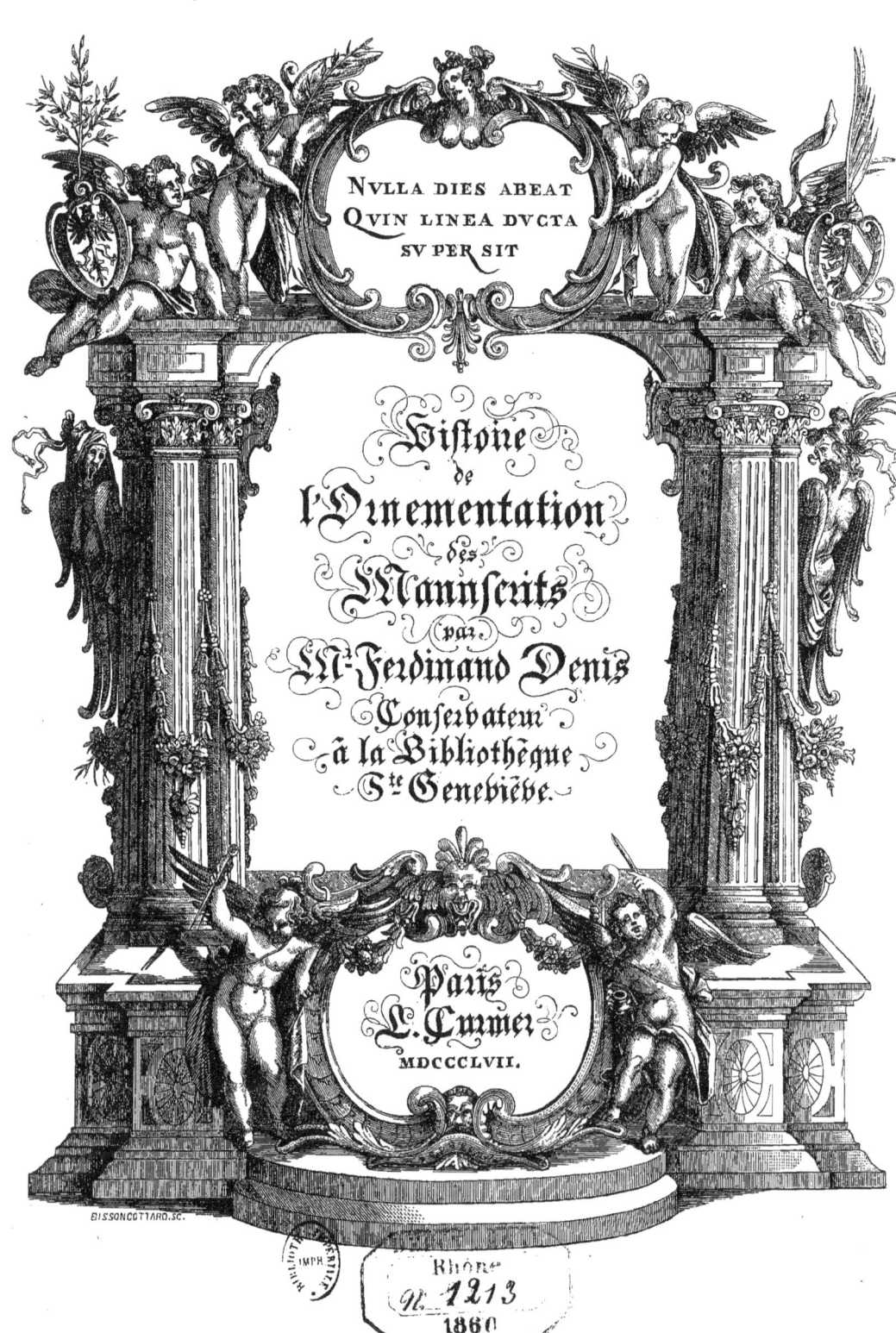

NVLLA DIES ABEAT
QVIN LINEA DVCTA
SVPER SIT

Histoire
de
l'Ornementation
des
Manuscrits
par
M. Ferdinand Denis
Conservateur
à la Bibliothèque
St Geneviève.

Paris
L. Curmer
MDCCCLVII.

BISSON COTTARD. SC.

Louis Perrin, impr. à Lyon

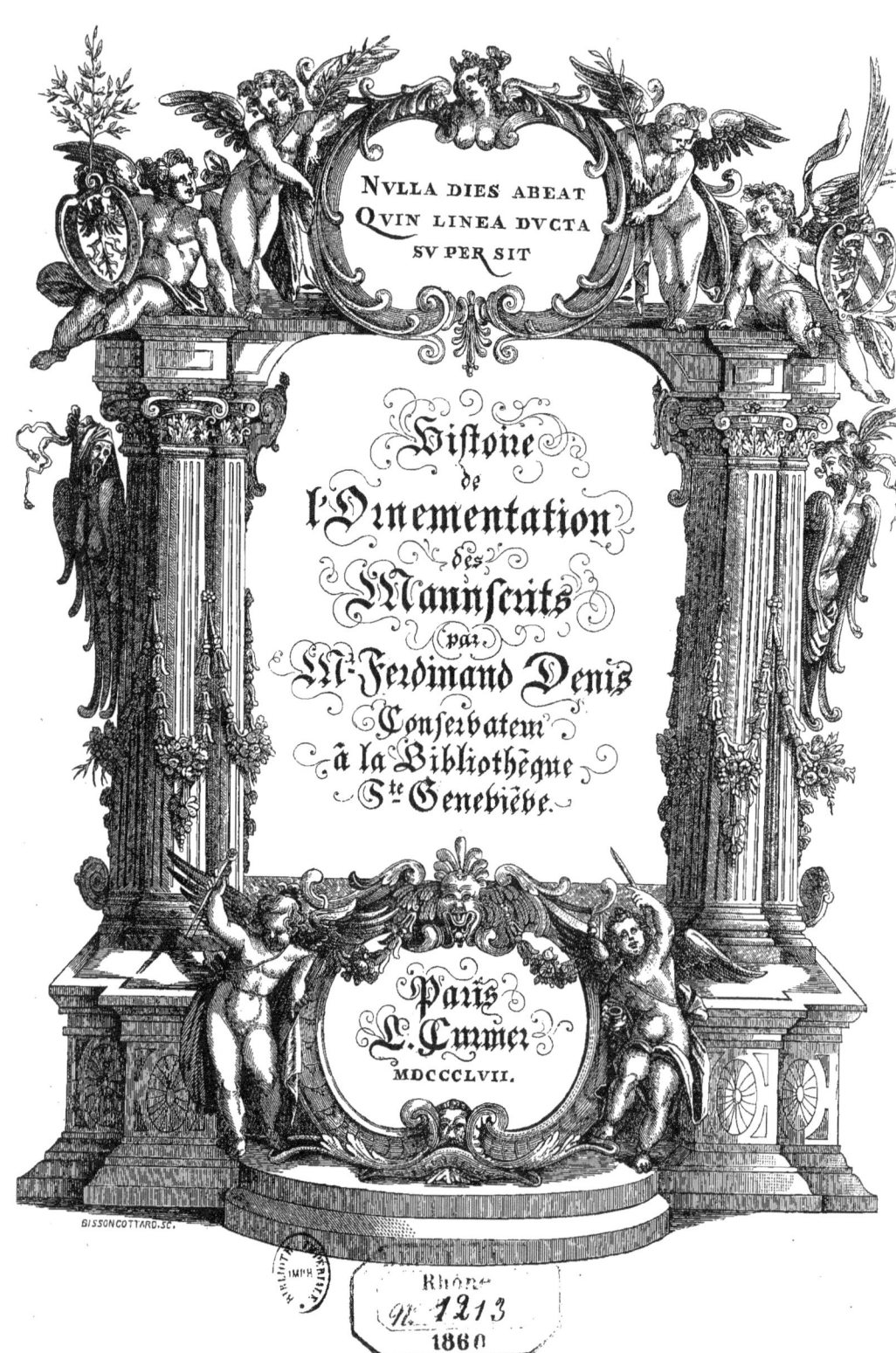

NVLLA DIES ABEAT
QVIN LINEA DVCTA
SVPER SIT

Histoire
de
l'Ornementation
des
Manuscrits
par
Mr Ferdinand Denis
Conservateur
à la Bibliothèque
Ste Geneviève.

Paris
L. Curmer
MDCCCLVII.

BISSON COTTARD. SC.

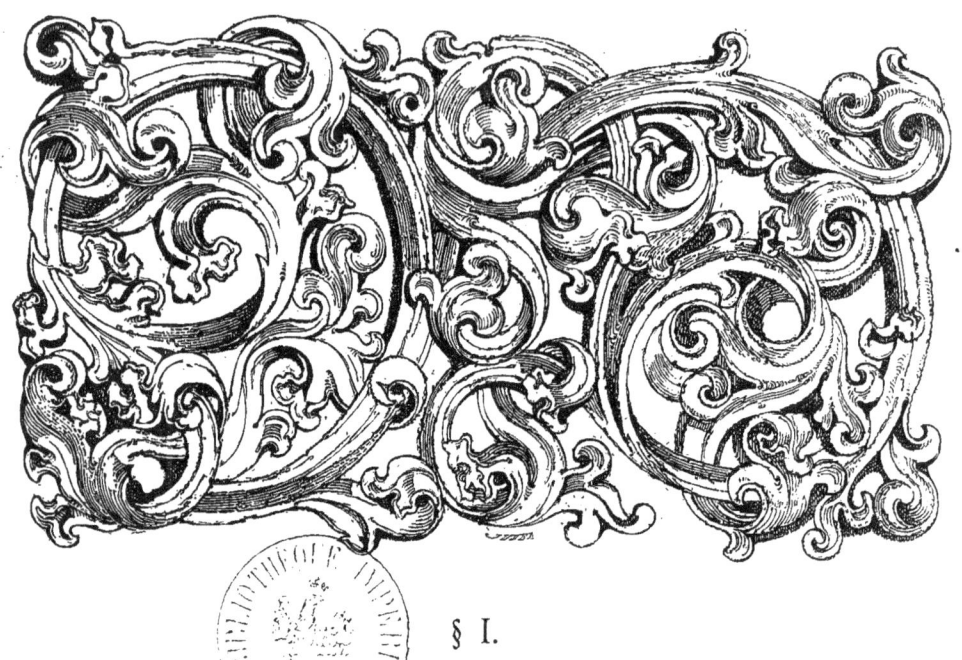

§ I.

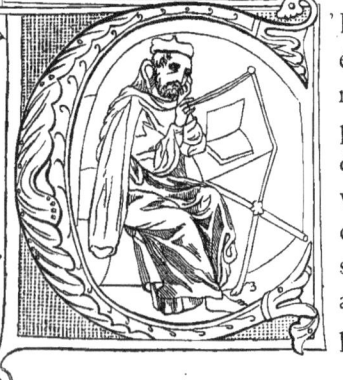

'EST le génie le plus puiſſant qui ait éclairé le moyen-âge, c'eſt le Dante qui rappelle le premier l'amour de la France pour les beaux livres ornés de peintures, & c'eſt Paris, où le grand homme avait vécu dans ſon exil, que le poète regarde comme la cité par excellence, dès qu'il s'agit de trouver des peintres habiles qui avaient ſans doute enſeigné ceux que ſon pays admirait :

Non ſe, tu Oderiſi
L'onor d'Agobbio e l'onor di quell' arte,
Ch' alluminare è chiamata in Pariſi.

La parole du poète, c'eft ici l'opinion de fon fiècle ; elle nous fuffit. L'art en France, tel qu'il était pratiqué à partir du temps de Charlemagne jufqu'au XVIᵉ fiècle, eut de nombreux admirateurs, & créa des écoles affez célèbres pour qu'il demeurât fans rival en Europe.

AIS effayons de faire comprendre par quels efforts habilement dirigés, par quelle férie d'études renouvelées des antiques traditions, par quelle protection non interrompue, due tantôt à des fouverains, tantôt à des prélats, l'art de l'illuminateur profpéra en France & dans les Flandres plus que dans les autres pays.

EE par les Grecs & connu des Romains, perdu pour ainfi dire durant les bas fiècles, reconquis avec tout fon éclat, grâce à l'impulfion que lui donna le puiffant empereur, ami d'Alcuin, cet art charmant fleurit furtout au XVᵉ fiècle, & ne s'arrêta parmi nous dans fes évolutions variées, qu'au fiècle de Louis XIV.

Bien que monaftique à fon début & réfervé aux pieux recueillements du cloître, il refta longtemps étranger aux couvents de la France. S'il laiffa des traces dans le VIᵉ fiècle, il ne fut réellement cultivé qu'au VIIIᵉ. Avant de fe faire admirer, la France eut des maîtres & admira des modèles : on verra bientôt quelle fut la fucceffion des œuvres dont elle s'infpira.

Confié durant l'antiquité à une matière en apparence des moins durables, ce genre de peinture remonte aux temps les plus anciens ; il a même furvécu à ces empreintes dont l'art monétaire a perpétué les merveilles, & que l'on pouvait fuppofer avec raifon devoir l'emporter en durée fur tous les chefs-d'œuvre de la calligraphie ; mais, ici, hâtons-nous de le dire, la nature du climat joue le rôle principal, & fi l'on poffède des rituels vieux de trois mille ans, où les fymboles de la religion égyptienne font reproduits en couleurs d'une rare vivacité fur certains papyrus, ces peintures contemporaines des Pharaons n'ont exercé leur influence fur l'art d'Occident que par un genre d'enfeignement dont il ne nous eft plus poffible de démêler la myftérieufe origine. (Voyez, pour ce genre de peinture, *un beau papyrus orné, repréfentant la déeffe de l'or, reproduit par* M. Théodule Devéria, dans les *Mémoires des Antiquaires de France.*)

Aucun manufcrit de l'extrême Orient, contemporain de ces rituels vénérables, ne nous eft parvenu. Il en eft de même à l'égard des anciens livres qui reproduifent les chefs-d'œuvre de l'antiquité grecque, &, en fe rapprochant de notre âge, aucun des volumes carbonifés de Pompéïa, dont tout le monde connaît l'hiftoire, & que la patience des favants napolitains effaie d'arracher à un complet anéantiffement, n'a produit de veftiges de peintures que l'efthétique moderne pût mentionner pour ajouter une page à l'hiftoire de l'art. Selon quelques écrivains cependant, Parrhafius, dont le nom doit s'infcrire à côté des plus grand noms de l'antiquité, pourrait ouvrir la lifte des peintres qui ornèrent de leurs chefs-d'œuvre le papyrus ou le parchemin.

Nous favons de fcience plus certaine, que l'embelliffement des livres par la calligraphie ornée & par la peinture, était en honneur à Rome.

LINE nous apprend que les *Hebdomades* de Varron (forte de biographie illuftrée), qui renfermaient les vies des hommes les plus célèbres de l'antiquité romaine, n'offraient pas moins de 700 portraits. Ces effigies, plus ou moins fidèles, n'étaient pas le produit néanmoins d'un artifte né à Rome; elles avaient été peintes par une femme qui, venue de la Grèce, s'était fixée en Italie. Lala était originaire de Cyzique, ville de l'Afie mineure, dont le prytanée était réputé le plus magnifique de la Grèce, après celui d'Athènes; elle fit peut-être école à Rome, mais elle n'y vint pas étudier.

Quand Pomponius Atticus, dont le goût pour les arts eft devenu proverbial, méditait de faire exécuter un livre analogue aux Hebdomades, & de le faire fervir à la gloire de fon pays, il vivait dit-on en Grèce, & ce dut être parmi les artiftes grecs qu'il choifit ceux auxquels il confia l'exécution de fon projet.

E livre dû au patronage de Pomponius Atticus, nous reporte, de l'avis de certains archéologues, à l'année 32 avant J.-C. Chofe curieufe, il faut voir peut-être dans ce volume de l'antiquité romaine le modèle de ces iconographies louangeufes, qui occupèrent tant de graveurs au xvie & au xviie fiècle, & qui, en donnant les portraits d'un certain nombre d'hommes renommés à des titres différents, laiffaient aux poètes, fouvent les plus vulgaires, le foin de célébrer le favoir ou les vertus du perfonnage repréfenté.

On en a la certitude, les Romains ne s'en tinrent pas néanmoins à reproduire de fimples portraits. Plufieurs beaux livres, confiés par eux à des peintres fpéciaux, étaient ornés de peintures hiftoriques & de majufcules du ftyle le plus grandiofe. Le feul ouvrage qui puiffe nous donner une idée de ces richeffes de la calligraphie antique, eft malheureufement trop rapproché des temps barbares, pour qu'on puiffe fe faire, en ce genre, une opinion fur ce qui exiftait au fiècle d'Augufte.

OURTANT il faut en excepter un Aratus orné, que l'on veut faire remonter au iie fiècle de notre ère, mais dont l'antiquité n'eft rien moins que certaine. Le livre le plus ancien qui nous foit parvenu décoré de miniatures, eft le Virgile confervé à la bibliothèque du Vatican, dont on fait remonter la date à la fin du ive fiècle, ou même au commencement du ve. Cette précieufe relique d'un art déjà bien dégénéré, fut momentanément tranfportée à Paris, & J.-M. Langlès en fit reproduire les diverfes peintures par une gravure au trait, mais ne donna pas fuite à fa publication. Sans parler des gravures peu fidèles de Bottari, nous rappellerons qu'on trouve un fragment du livre original très fincèrement reproduit dans la *Paléographie univerfelle*, dans *Le Moyen-Age & la Renaiffance*, & dans l'*Effai fur la calligraphie* de H. Langlois.

Quelque curieux que puisse nous paraître aujourd'hui le Virgile de la Vaticane, ce livre, en réalité, ne mérite guère de fixer l'attention pour l'histoire de l'art : exécuté par un artiste plus que médiocre, à une époque où le style romain s'était profondément altéré, il ne peut donner qu'une idée imparfaite de l'art de l'illuminateur, tel qu'il était pratiqué jadis à Rome, dans les beaux temps de la littérature. Virgile, travesti de cette façon, n'offre plus à nos yeux qu'un art en complète décadence.

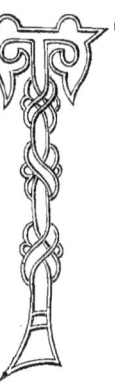OUTEFOIS, l'époque à laquelle il fut exécuté n'était nullement une époque où le zèle des copistes se fût éteint, & où les livres manquassent au zèle des religieux ; le P. Cahier a pu dire avec raison : « Les moines..... n'avaient pas attendu, pour s'adonner à l'étude & réunir des collections d'ouvrages, que la science chassée de la société cherchât son dernier abri dans l'enceinte des monastères. La règle de saint Pacôme (IIIe siècle) entre dans de curieux détails sur la distribution des livres parmi les solitaires, sur leur classement dans la bibliothèque, sur le soin qu'on devait prendre des lecteurs, &c., &c., &, ce qui semble indiquer une quantité considérable de livres, il veut que deux religieux soient chargés de la bibliothèque. On ne le trouvera pas étrange, si l'on songe que chaque solitaire devait avoir son livre de lecture d'après la règle, & que les monastères de saint Pacôme étaient ordinairement formés de trente ou quarante maisons habitées chacune par une quarantaine au moins de religieux. »

Durant ces bas siècles, le bibliothécaire prenait, en Occident, le nom d'*armarius*, & les copistes, qui d'ordinaire dépendaient de lui, recevaient le titre d'*antiquarii ;* on les désignait par plusieurs autres dénominations, on les appelait *cancellarii, scribæ, chartularii, librarii, notarii, archeographi, bibliatores*. S'ils appartenaient à une hiérarchie plus élevée, s'ils étaient attachés à des souverains, ou même à des princes, on les désignait sous les titres de *graphiarii, scribones, scribantes, scriptuarii*, & plus volontiers encore sous celui de *capellani*.

Pour peu qu'elle fût considérable, chaque abbaye réservait une vaste salle, destinée aux *antiquarii :* c'était le *scriptorium*, lieu solitaire où, dans le plus grand silence, les scribes illuminateurs exécutaient leurs patients travaux.

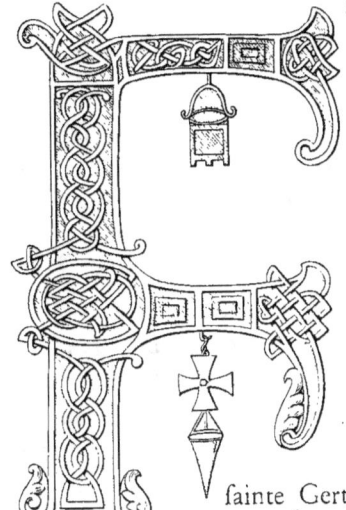

IDELE au culte de la ſcience calligraphique, la France, au milieu du
ſiècle terrible qui marque l'époque
mérovingienne, n'était pas tellement
déshéritée, qu'elle ne comptât quelques-uns de ces aſiles, où la ſcience
reſtait en honneur. Au vi^e ſiècle, ſe
formait, non loin d'Orléans, la bibliothèque de Mici (depuis St-Meſmin),
& un *armarius* inſtruit qui corrigeait
les livres dus au zèle des religieux.
Petit-Radel, qui mentionne ce fait en
paſſant, dit qu'un ſiècle plus tard,
c'était à une abbeſſe de Nivelle, à
ſainte Gertrude, l'honneur du Brabant, qu'on
devait les livres ſi impatiemment attendus de Rome ou
d'Irlande. (Voyez l'*Hiſtoire des Bibliothèques*.)

Parmi les *antiquarii* des bas ſiècles, il y avait certainement d'habiles
calligraphes ; il y avait même quelques illuminateurs. Si un abbé des
premiers temps de la vie cénobitique, Petrus Acotantus, s'effrayait du
luxe accordé à certains livres, & voyait dans cette complaiſance des
antiquaires pour leur ouvrage un ſentiment de vaine gloire, « des hom-
« mes non moins auſtères, a dit le P. Cahier, ne partagèrent point
« la ſévérité des cenſeurs ; ſaint Ephrem, cité par Mabillon, ajoute-
« t-il, loue au contraire les ſolitaires du ive ſiècle, qui écrivaient en
« or ou en argent ſur des peaux teintes de pourpre, & ce luxe fut
« conſidéré plus tard comme de rigueur pour les copies de l'Ecriture
« ſainte & pour les livres deſtinés au ſervice de l'Egliſe.

§ II.

CALLIGRAPHES DE LA GRECE. — DIVISIONS ETABLIES PARMI EUX EN RAISON DE LEURS TRAVAUX. — ILLUMINATEURS DU BAS-EMPIRE. — ILS FORMENT DIVERSES ECOLES EN EUROPE.

L fe forma à Byzance, dès l'époque de Théo-dofe-le-Grand, une claffe intelligente de calligraphes illuminateurs, foumife à de férieufes études, & deftinée non-feulement à multiplier les livres d'une manière correcte, mais à les orner. De favants évêques, des miniftres, quelquefois les chefs de l'état, ne dédaignèrent pas de partager leurs travaux.

Durant cette première période, nulle divifion bien pofitive, nulle différence ab-folue, n'exifte entre celui qui tranfcrit le li-vre fcientifique ou le livre faint & celui qui l'orne d'images. Le degré d'habileté dont on fait preuve, conftitue feul la différence que l'opinion établit dans une claffe plus nombreufe qu'on ne le croit d'ordinaire. Le fcribe habile & le miniaturifte font défignés fous le nom de calligraphes, & ils confondent leurs attribu-tions, qui plus tard feront bien diftinctes. Durant les fiècles fuivants, & furtout pendant le moyen-âge, ils prendront, en occident, tour à tour les titres d'*illumi-nateurs*, d'*exemplateurs*, de *rubricateurs*, de *peintres de plate peinture*, d'*enlumineurs* & plus tard de *miniatu-riftes;* mais à l'égard de ce qui fe paffa dans l'école by-zantine, & pour éviter toute confufion, nous rappro-cherons deux paffages de Séroux d'Agincourt, qui, pour la Grèce, nous paraiffent établir d'une manière parfaitement nette les attributions de ces divers artiftes & les divifions qui fe formèrent ultérieurement entre eux dans leurs diverfes affociations.

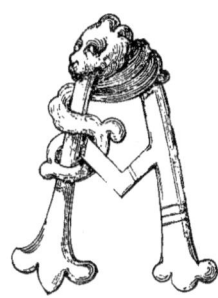

PRES avoir reconnu avec Montfaucon, que l'on donna d'abord aux artiftes qui faifaient profeffion d'écrire les manufcrits le nom de Γραμματεύς, qui fignifie écrivain, enfuite celui de Καλλιγραφός, *qui écrit bien* ou *qui écrit élégamment*, après avoir admis avec lui que le mot Γραφεύς fignifie auffi peintre, & en avoir conclu que les premiers calligraphes s'occupaient à la fois de la tranfcription des livres & de leur ornementation, il affirme que vers le IXᵉ & le Xᵉ fiècle, ces fcribes habiles formaient quatre grandes claffes :

« 1° C'étaient de fimples écrivains, lorfque leur talent fe bornait à tracer en caractères bien lifibles ou à écrire correctement, foit en copiant, foit fous la dictée ;

« 2° Quand ils favaient orner leur écriture avec de grandes lettres de formes élégantes & recherchées, puis coloriées & rehauffées d'or & d'argent, ils prenaient le titre de *calligraphes* ou même de *chryfographes* ;

« 3° Lorfque à ces talents, qui les rapprochaient déjà de celui du peintre, ils joignaient celui de deffiner, de colorier même, finon des fujets hiftoriques, du moins quelques figures, le plus fouvent d'oifeaux, d'animaux ou d'arabefques, leur falaire fuivait l'importance de leur travail & était beaucoup plus confidérable ;

« 4° Enfin, quand peintres & écrivains tout à la fois, ils réuniffaient à une belle écriture des inventions, des compofitions pittorefques, ils étaient rangés dans la première claffe des calligraphes; cependant, dans cette partie de la calligraphie, ils avaient toujours au-deffus d'eux certains peintres de profeffion qui parfois étaient employés à exécuter des tableaux relatifs au texte. »

Au Vᵉ fiècle, un concile avait ordonné l'étude de la calligraphie aux moines, &, par cela feul, il avait imprimé aux diverfes branches de cet art une dignité vraiment religieufe. Après le XIIIᵉ fiècle, il n'en fut pas ainſi : les preſcriptions furent miſes en oubli, & c'eſt bien à partir de cette époque qu'on voit le ſcribe ſe ſéparer de l'illuminateur ; c'eſt alors qu'on remarque dans les manuſcrits des blancs nombreux réſervés au peintre. On ne doit donc confondre ſous le titre de calligraphes, que les ſcribes illuminateurs de la première période. (Voyez l'*Hiſtoire de l'art par les Monuments*.)

A cette époque mémorable où la foi nouvelle entreprend de parler ſans relâche au néophyte chancelant, durant les ſiècles où les évêques ſentent qu'il faut avant tout formuler le dogme, au temps en un mot où les livres religieux manquent même aux beſoins du culte, un em-pereur d'Orient ſe fait honneur du titre de calligraphe : on voit, au début du vᵉ ſiècle, Théodoſe-le-Jeune ſe vouer par moments à la pein-ture des manuſcrits.

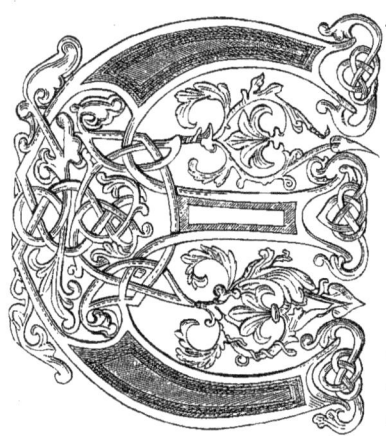

T l'on ne l'a pas aſſez remarqué, c'eſt alors que les plus grands noms s'aſſocient à l'art qui reçoit de ſi hauts encouragements, c'eſt alors que l'on voit les hommes les plus éminents chercher dans l'art charmant du calligraphe une ſûre diſtraction aux maux terribles qui ſuivent l'invaſion des Barbares. En ce temps, les diſſenſions ſanglantes qui ſe renouvellent dans Rome ou dans Byzance, jettent au fond d'un cloître ceux qui s'étaient aſſis près du trône. Les révolutions font plus encore, elles précipitent dans la miſère celui-là même qui s'eſt vu à la tête de l'état. Vers 717, Théodoſe l'Adramitain, devenu prêtre à Ephèſe, trouvait quelque conſolation à ſes malheurs dans l'exercice de la calligraphie. Bède avait encore vu quelques peintures de Caſſio-dore, dont il ne parle pas ſans admiration, & Boëce, ce philoſophe il-luſtre, dont la doctrine domine tout le moyen-âge, Boëce peignait, dit-on, des manuſcrits dont on nous vante la beauté.

On peut encore faire remonter à cette période de l'art byzantin pluſieurs miniatures exécutées en dehors de la calligraphie religieuſe. Séroux d'Agincourt nous donne la reproduction imparfaite de quelques peintures, dans lesquelles l'artiste s'est exercé sur un sujet profane : elles remontent au VIᵉ siècle ; elles proviennent d'un débris de l'Iliade, copié vers cette époque, & ces précieux vestiges de l'art grec abâtardi, ont été reproduits par la gravure en 1819, grâce aux soins du fameux Angelo Maï.

Durant la même époque, une princesse admirée à Byzance fait exécuter les planches d'un Dioscoride venu jusqu'à nous. Cette grande dame, naturaliste & peintre à la fois, s'appelait Juliana Anicia, & était l'arrière-petite-fille d'un empereur qui s'honorait du titre de calligraphe : nous avons déjà nommé Theodose-le-Jeune. (Voyez l'*Histoire de l'art par les Monuments*, t. II , p. 42, peint. pl. 26 & le cat. de Lambecius.)

Le peintre calligraphe le plus renommé en Orient à cette époque, ne vivait pas en Grèce, mais peut-être y avait étudié. C'était un pieux cénobite retiré au monastère de St-Jean en Mésopotamie ; il s'appelait Rabula, & exécuta, vers l'année 586, une série de miniatures puisées dans l'Ecriture sainte, & qui sont, dit-on, empreintes d'un caractère charmant.

Ces livres, & bien d'autres dont nous pourrions multiplier les titres, devinrent, sans doute, une source d'étude, mais les œuvres de calligraphie que l'on exécuta à leur imitation, furent bientôt livrées aux flammes lorsqu'on ne les lacéra point impitoyablement.

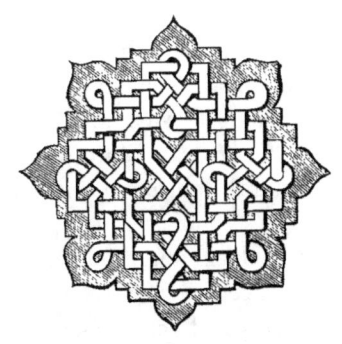

§ III.

'ART de l'illuminateur n'eut pas d'ennemis plus per-
ſévérants, plus implacables, que les iconoclaſtes. Il
n'eſt perſonne qui n'ait entendu parler de ces fanati-
ques des bas ſiècles, qui briſaient toute image de Dieu
& des Saints, par reſpeƈt même pour la divinité. Cette
ſeƈte aveugle commença ſes ravages au vɪᵉ ſiècle, &
les continua pendant deux cents ans. On ſe ferait
néanmoins une fauſſe idée du genre
de fanatiſme qui l'animait, ſi l'on
ſuppoſait que ſa fureur ſe portât ſur
toute eſpèce de ſujets. Plus les iconoclaſtes multipliaient leurs efforts
contre les peintres & les ſtatuaires qui cultivaient l'art ſacré, plus on voyait ſe reproduire
les images étrangères au culte. Sous Léon l'I-
ſaurien, ſous Conſtantin Copronyme, ſon fils, ſous
Léon IV, qui avait pour père ce dernier empereur, le luxe byzantin
n'avait rien abandonné de ſes magnificences. Ce Léon l'Iſaurien, que
nous venons de nommer, & dont la ſanglante hiſtoire rappelle tant de
haine & tant de ſupplices, Léon voyait ſa propre image honorée dans
ſon palais ; des milliers d'autres ſtatues ornaient les périſtyles de ſes
ſomptueuſes habitations ; ſous ſon règne, les portes triomphales de
Byzance n'avait point voilé la multitude de leurs bas-reliefs, & la
ſtatue d'or de Conſtantin étincelait encore au-deſſus de la cité ſur ſa
colonne de porphyre. Mais ſi ces derniers faits, longtemps débattus,
ſont acquis déformais à l'hiſtoire de l'art, il eſt bien avéré auſſi que
nulle image reproduiſant une effigie ſainte ne fut épargnée.

Rien en ce genre n'échappa à l'efprit de vertige qui s'était emparé
des iconoclaftes ; il paraît prouvé que cet empereur, dont le nom
fignale, après tout, une époque de deftruction, anéantit peut-être un
plus grand nombre de monuments qu'Alaric & que Recimer ; fa haine
devint furtout fatale aux livres, & divers hiftoriens font monter à plus
de cinquante mille le nombre des volumes qui furent brûlés fous fon
règne, en un jour. Vers le milieu du VIIIe fiècle, quand fon zèle impie
fe fut épuifé contre les ftatues confacrées au culte, il fongea à détruire
les fomptueux manufcrits que renfermait la bibliothèque de Byzance,
& tous ceux qui portaient veftige de l'art chrétien furent livrés fans
pitié aux flammes.

Des peintures magnifiques, derniers reflets de l'art antique qui s'é-
teignait, difparurent alors pour toujours ; mais, fi le récit des hiftoriens
n'eft pas exagéré, ces fcènes déplorables ne furent pas ce qu'il y eut
de plus affreux durant cette période de fauvage perfécution : ceux qui
avaient confacré leurs veilles à la multiplication des livres ornés d'images,
furent condamnés à brûler comme eux. Par un raffinement de barbarie
bien digne d'un fiècle impitoyable, ces malheureux furent enfermés dans
l'édifice où ils s'étaient retirés, & qu'on venait d'incendier ; ils périrent
étouffés fur des monceaux de manufcrits.

En ces temps de prompte exécution & de caprices irréfléchis, quand
le feu n'atteignait pas l'œuvre, prefque toujours il atteignait l'artifte,
& fi on lui laiffait l'exiftence, c'était pour le condamner à l'éternel
regret de pourfuivre une vie inutile. Michel Rhangabé venait de rétablir
le culte des images, que Léon l'Arménien devait de nouveau profcrire,
lorfque, en 829, le fils de Michel-le-Bègue fut élevé à l'empire.
Théophile hérita de l'antique haine des iconoclaftes qui l'avaient précédé fur le trône. Il y avait fous fon règne un peintre illuminateur
dont les œuvres étaient célèbres, & qui favait donner à fes images cette
majefté auftère qu'on remarque chez les vieux byzantins ; l'empereur le
fit faifir, un fer brûlant ftygmatifa fes mains & les rendit pour longtemps
incapables de peindre les attributs de la divinité. Le moine Lazarus
devint martyr de fon art comme d'autres l'étaient de leur religion.

Et cependant, après cent dix-neuf ans de perfécution, le génie des
peintres byzantins fe réveilla ; les veftiges de l'art antique, plus refpectés
que ceux de l'art chrétien, furent étudiés avec ardeur & reproduits avec
un caractère intelligent, qu'atteftent aujourd'hui encore quelques beaux

livres venus de Conſtantinople & conſervés à la Bibliothèque impériale de Paris. (Voyez, entre autres, *les OEuvres de S. Grégoire de Naxianxe,* F. G. 510.) Sous Léon, ſurnommé le Sage, qu'il ferait plus juſte de nommer le Savant, les livres ſe multiplièrent ; les mauvais jours qu'on avait traverſés imprimèrent peut-être aux œuvres des calligraphes illuminateurs un caractère plus auſtère, j'allais dire plus chrétien, que par le paſſé. Sans abandonner l'allégorie antique, l'art nouveau ſe révéla. Selon toute probabilité , ce fut durant la ſeconde moitié du IXᵉ ſiècle que s'opéra cette révolution ; diſons plus, ce fut durant cette période d'agitation politique que l'art byzantin ſe répandit en Europe. Nous ne voulons pas dire cependant qu'il effaçât alors l'influence de l'art plus ſimple & plus auſtère, tel qu'il ſe développait dans les régions occidentales, & tel que le pratiquaient les diſciples des Gottſchalck & des Alcuin.

Loin de partager les principes religieux qui avaient animé les iconoclaſtes contre les repréſentations de la divinité, le protecteur des arts en Occident, Charlemagne, réſerva toujours une partie du ſanctuaire, pour que les artiſtes, encouragés ſous ſon règne, puſſent l'orner d'images ſaintes.

Il y eut cependant ſur ce point quelques lois reſtrictives ; le chœur ſeul des égliſes édifiées alors fut orné de peintures ; les ornements que multipliait avec une ſage réſerve l'architecte, furent dorés dans cette partie du temple ſeulement ; les autres portions d'un monument conſacré au culte préſentaient dans leur nudité un aſpect infiniment plus ſévère, qu'elles perdirent vingt ans plus tard ſous les ſucceſſeurs de Charlemagne.

Il ſemblait, par ces reſtrictions, que la penſée du grand empereur n'eût pas encore manifeſté toute ſon indépendance, & qu'elle n'oſât proteſter d'une manière abſolue contre l'héréſie qui venait d'enſanglanter une partie du monde. Comme nous le verrons bientôt, il n'en fut pas ainſi à l'égard des livres, & toutes les magnificences de la calligraphie leur furent prodiguées ſans réſerve. Mais pour orner les ſplendides volumes qu'il devait conſacrer au culte, Charlemagne eut recours aux monaſtères d'York, de St-Alban, de Lincoln, de Lindisfarne, où l'art ſacerdotal était pratiqué dans ſa pureté primitive : il tenait ſes enſeignements de ces grands couvents d'Hibernie, où depuis trois ſiècles la ſcience de Byzance s'était réfugiée.

3

§ IV.

PEINTRES ET CALLIGRAPHES DE L'ANGLETERRE ET DE L'IRLANDE. —
SAINT AUSTIN. — LIVRES ORNES APPORTES DIRECTEMENT DE BY-
ZANCE. — THEODORE DE TARSE.

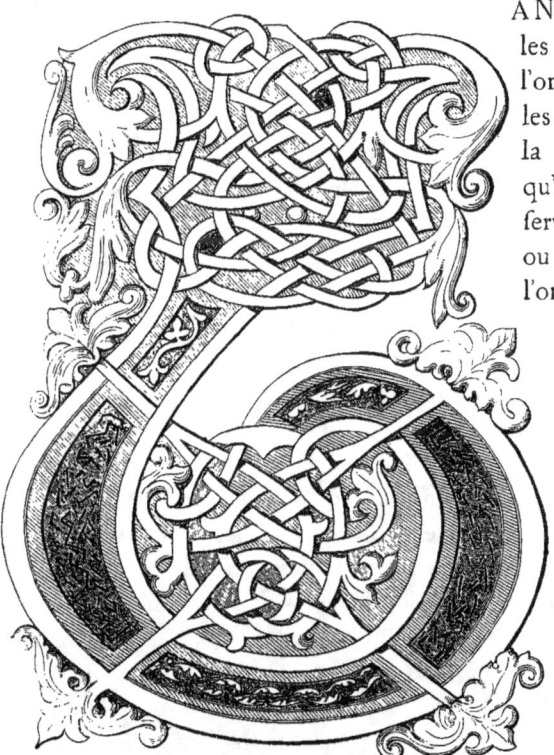

ANT que durèrent les bas siècles, lorsque l'on voulait retrouver les pures traditions de la science, telles qu'elles étaient conservées par la Grèce ou par Rome, lorsque l'on voulait même s'initier aux questions de haute philosophie qui agitaient naguère le monde antique, c'était, au VIIe siècle, à quelques rares monastères de l'Angleterre ou de l'Irlande qu'il fallait aller les demander; &, en effet, l'Hibernie proprement dite, par cela même qu'elle s'était trouvée davantage à l'abri de l'invasion des peuples barbares, avait offert un asile aux arts. La fleur délicate de la civilisation (pour nous servir de l'expression d'un maître), s'était épanouie à l'abri de ses cloîtres, & l'on y avait conſervé, en les modifiant, des ſouvenirs précieux qui s'éteignaient ſur le continent, & qui ne tardèrent pas à produire en calligraphie quelques œuvres aſſez indépendantes de l'art byzantin dans leur imitation, pour qu'elles aient formé dès le VIIIe ſiècle une école influente qui ne tarda pas, grâce aux efforts d'Alcuin, à répandre ſon goût & ſes principes dans les monaſtères de la France.

Pluſieurs cauſes ſe réunirent pour amener d'abord en Angleterre cette manifeſtation d'un ſyſtème calligraphique, à la fois original & imitateur, que l'on remarque ſurtout au ſiècle d'Ethelbert & d'Offa. Il faut faire remonter à ſaint Auſtin (Auguſtin) les premiers enſeignements qui déterminèrent en divers couvents d'Angleterre & d'Irlande, un goût ſi prononcé pour la calligraphie ornée. En 596, quand ce prélat miſſionnaire fut nommé au ſiége de Cantorbéry par Grégoire-le-Grand, il apporta avec lui une règle de ſaint Benoît & de nombreux ouvrages deſtinés à répandre la liturgie romaine ; ces livres ſervirent de modèles aux peuples que Rome prétendait inſtruire. Saint Auguſtin trouva, dit-on, dans les couvents de l'Irlande, une grande réſiſtance à accepter la diſcipline nouvelle qu'on voulait leur impoſer ; ils s'y ſoumirent néanmoins, & ayant reçu enfin les livres que répandait l'apôtre de l'Angleterre, ils en modifièrent la forme , ſelon leur goût original, en les acceptant.

De même que l'écriture qui prévalut alors en Angleterre & en Irlande, conſerva toujours ſon type roman, bien qu'on l'ait déſignée ſous le nom de ſaxonne, de même, les peintures ſacrées reproduiſirent, avec un caractère qui leur était propre, les formes de l'art accepté à Rome.

Plus tard, un événement dont on n'a peut-être pas ſuffiſamment apprécié l'influence, mit bientôt les calligraphes des monaſtères anglais à même de développer les rudiments imparfaits de l'art, tels qu'ils leur avaient été enſeignés par les diſciples de ſaint Auguſtin. Un jour, c'était bien avant le ſiècle régénérateur d'Alfred, on vit arriver à Cantorbéry un ſaint archevêque qui apportait à l'Angleterre & à l'Irlande toute la ſcience religieuſe de Byzance, & qui allait ſtimuler d'une ardeur nouvelle le zèle des moines ſtudieux : c'était le vénérable Théodore de Tarſe, qui venait d'être élevé à la dignité d'archevêque dans ces régions lointaines, & dont la ſcience était célèbre dans toute la Grèce.

Théodore de Tarfe, c'eft un fait attefté, avait apporté avec lui une multitude de livres grecs&latins; ces divers ouvrages avaient été ornés à Byzance de tout le luxe de la calligraphie, & ils fervirent dès lors de modèles. Le faint archevêque ne vifita pas feulement fon diocèfe en y encourageant le goût des arts; il parcourut, dit-on, avec follicitude tous les pays voifins, & fit de nombreufes ftations dans ces couvents de l'Irlande où la fcience était en honneur. Il dut y animer encore de fes confeils éclairés le goût des lettres & des arts, qu'on n'avait point ceffé d'y cultiver depuis le début du ive fiècle. Ne foyons donc plus furpris de la pureté du ftyle byzantin qu'on remarque dans les minia- tures dont faint Dunftan orna plufieurs beaux livres, deux fiècles plus tard. Ne nous étonnons pas, en nous rapprochant de l'époque où vivait Théodore de Tarfe, de voir Alcuin enfeigner à la cour de Char- lemagne l'art de la calligraphie, & dans tous les couvents de la France, répandre, ainfi que dans ceux de l'Allemagne, des préceptes qui ne tarderont pas à fruétifier.

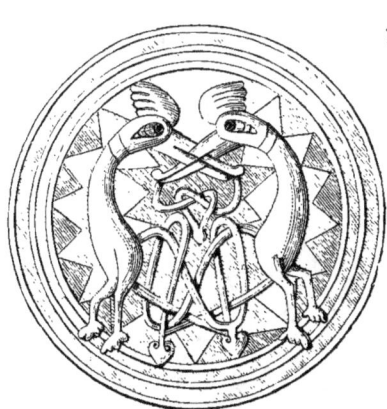

UTRE faint Auguftin, l'Angle- terre nommait à cette époque parmi fes illuminateurs primitifs, ce faint Columban de Luxeuil dont la renommée fe lie à tant de pieu- fes légendes, & que l'on confon- dit fi fouvent avec faint Columban d'Iona, Irlandais comme lui.

Cet art de l'Hibernie & de l'An- gleterre eft repréfenté en cet Ou- vrage, pages 6 & 8, par des ma- jufcules du ftyle le plus gracieux, remontant au vie & au viie fiècle. La première eft tirée de la Bible Cottonienne, confervée au Britifh Mu- feum; la feconde appartient à un Pfautier anglo-faxon de Rouen. Le même dépôt nous a fourni d'autres lettres appartenant à l'art anglo- faxon du viiie fiècle, & par conféquent contemporain d'Alcuin.

Finiffons ces indications en fignalant à ceux qu'intéreffe cet art ru- dimentaire, d'où procède cependant l'école françaife, les beaux fpé- cimens donnés par M. le comte A. de Baftard&puifés dans les magni- fiques Evangiles poffédés par St-Willibrod. De fon côté, M. Sylveftre, dans ſa *Paléographie univerſelle*, en a reproduit pluſieurs ; tel eſt, entre autres, ce fragment du VIIᵉ ſiècle, tiré d'un Evangéliaire anglo-ſaxon, puis ces Décrétales des papes, qui remontent à la même époque.

C'eſt la bibliothèque du Corpus Chriſti, à Cambridge, qui eſt dépoſitaire des Evangiles de ſaint Auſtin. Les Evangiles peints, conſervés dans l'égliſe de Lichtfield, faiſaient partie de la bibliothèque Cottonienne.

La *Vie de ſaint Paul Hermite*, conſervée au collége du Corpus Chriſti, offre encore un modèle du deſſin & des lettres ornées, telles qu'on les entendait au VIIIᵉ ſiècle.

Tous ces beaux livres, dont nous pourrions encore augmenter la liſte, ſont empreints du ſtyle byzantin ; on a dit cependant avec beaucoup de juſteſſe, à propos de ceux qui ont leur origine dans les couvents de l'ancienne Hibernie :

« L'école d'enluminure irlandaiſe exige une claſſification à part ; elle a un ſtyle qui lui eſt particulier, & qui, ſans doute, eſt originairement emprunté des Latins, mais caractériſé par un deſſin & une exécution que l'on ne rencontre pas dans les manuſcrits d'autres nations ; la preuve la plus convaincante de l'ingénuité de cette école, peut ſe puiſer dans le célèbre livre de Durham ou Evangile de ſaint Cuthbert. » (Voyez le P. Cahier, dans les *Annales de Philoſophie chrétienne*.)

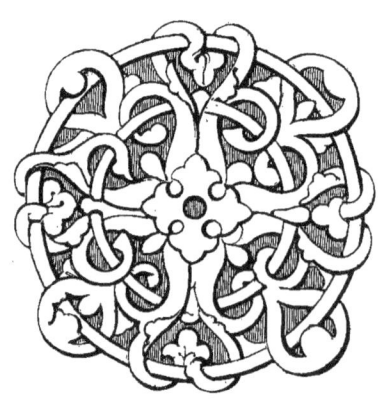

§ V.

MANUSCRITS DE L'EPOQUE CARLOVINGIENNE. — CHARLEMAGNE. —
ECOLE D'ILLUMINATEURS FONDEE EN FRANCE PAR ALCUIN. —
TRADITION QUI LA PLACE DANS LE PALAIS DES THERMES. — ILLU-
MINATIONS CELEBRES DU VIIIᵉ ET DU IXᵉ SIECLE.

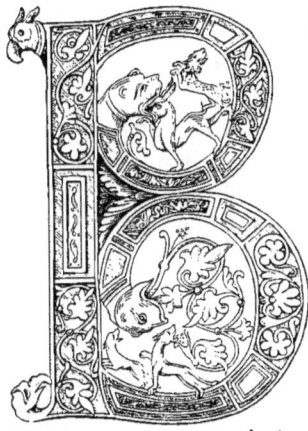

EAUCOUP d'illuminateurs habiles, formés fur les modèles les plus purs du ftyle byzantin, honoraient par leurs travaux, les grands monaftères de Canterbury, que l'on défignait encore fous fon vieux nom faxon de Kent-Wara-Bryg, & les beaux couvents de Bangor ou de Lindisfarne, lorfque la France ne comptait guère encore de calligraphes dignes de ce nom.

Il n'en fut pas ainfi lorfque, vers l'année 781, Charlemagne ayant rencontré à Parme un religieux de la ville d'York, déjà célèbre fur le continent par fa fcience, il l'eut engagé à quitter l'Angleterre pour fe fixer près de lui, & lui eut donné pour attributions, non-feulement le foin de diriger l'éducation de fes fils, mais celui de répandre dans fa cour le goût des lettres. Alcuin poffédait toute la fcience de fon époque ; comme Auguftin & comme Théodore de Tarfe, il fe montrait habile dans l'art de reproduire les manufcrits & de les orner. C'était un calligraphe de premier ordre, comme on l'entendait dans l'ancienne acception de ce mot ; il ne s'était pas formé feulement à cet art dans les couvents de l'Angleterre : il avait déjà pu étudier la peinture des livres grecs en Italie. Iffu d'une ancienne famille anglo-faxonne, il avait accompagné dès fes jeunes années l'archevêque d'York, Egbert, qui fe rendait à Rome, &, dès l'année 766, il avait pour miffion d'acheter dans cette ville les beaux livres qu'il y pourrait raſſembler ; chargé de la direction de la grande école d'Angleterre juſqu'en 780, il avait eu le temps de ſe préparer, en dehors de ſes autres études, aux minu-tieuſes recherches exigées par un art qui marchait de front alors dans l'eſtime des clercs avec les arts les plus relevés. Si l'on s'en rapporte à un bibliographe célèbre, préciſément au moment où Charlemagne tentait d'attacher le moine anglais à ſon palais impérial, Alcuin écri-vait, pour le magnanime empereur, ces Heures célèbres qui furent commencées en 781.

IEN que l'on ait établi en principe l'inhabileté que montrait le grand empereur dès qu'il s'agiſſait de tracer les caractères de l'écriture, & en admettant même (ce qui reſte douteux) qu'il ignorât la pratique d'un art dont il comprenait ſi bien la valeur, il n'y avait qu'un bien petit nombre d'hommes à ſon époque dont le goût ſe trompât ſi peu que le ſien, dès qu'il s'agiſſait d'apprécier les fineſſes les plus délicates de la calligraphie : tous les monu-ments qu'on peut ſuppoſer lui avoir été conſa-crés, ou qui ont fait partie des rares volumes conſervés dans ſes bibliothèques, ſont encore là pour l'atteſter ; & l'un de ſes contem-porains n'héſite pas à le déclarer habile à reconnaître la bonne exé-cution des livres : *peritus in arte librorum.*

Bientôt Alcuin, qui occupait, depuis pluſieurs années, un poſte éminent à la cour de l'empereur, donna aux études une impulſion qui changea la face du monde intellectuel dans tout l'Occident. « Ce fut en 788, a dit le ſavant éditeur d'Eginhard, que Charlemagne pu-blia la célèbre conſtitution de laquelle date la renaiſſance des lettres au moyen-âge, & le rétabliſſement de l'inſtruction publique dans les Gaules & la Germanie. On peut croire que déjà il avait donné l'exemple, & que l'école palatine, dont Alcuin fut le premier direc-teur, exiſtait alors depuis pluſieurs années. » (A. Teulet. *Notice ſur Eginhard & ſur ſes ouvrages.*)

Mais dès qu'il ſe vit à la tête de l'enſeignement, Alcuin ſentit la néceſſité de multiplier les livres. C'était par la tranſcription des traités ſcientifiques & des ouvrages religieux, ſi rares alors en France, qu'il

fallait néceffairement débuter. Pour fervir le noble projet de Charlemagne, des écoles de calligraphie furent donc établies régulièrement
dans l'empire, à partir du VIIIᵉ fiècle. Outre celle d'Aix-la-Chapelle,
qu'on vient de fignaler, il y eut un peu plus tard & dans le IXᵉ fiècle,
ainfi que le prouve M. le comte A. de Baftard, les écoles très-diftinctes
de Tours, de Metz, de Reims & de St-Gall; dans notre opinion, il y
en eut une à Paris. Tout nous fait fuppofer que cette école de fcribes
miniaturiftes avait fon fiége dans le palais des Thermes, dont Charlemagne fit fa demeure, & qu'Alcuin vint habiter avec lui.

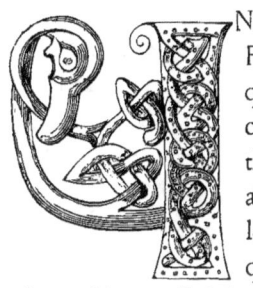

N archéologue dont la mémoire eft chère à la
France, M. du Sommerard, s'eft plu à faire
quelques recherches fur ce point d'hiftoire lo-
cale, & il ne doute pas que les voûtes de l'antique palais n'aient abrité les difciples aimés
auxquels Alcuin enfeignait l'art charmant qui
le délaffait de fes autres travaux. La réfidence
que fit aux Thermes le favant religieux anglais,
eft atteftée par Eginhard, & l'on fuppofe que les jeunes princeffes,
iffues du fang impérial, y copiaient fous fa direction des manufcrits.
Sans mettre en doute un moment l'habileté reconnue d'Alcuin comme
calligraphe, fans tenter d'amoindrir celle que l'on reconnaiffait à fes
contemporains Gottfchalck & Modeftus, il eft bien certain que l'école
dont ils purent être les chefs ne fut pas créée dans les Gaules uniquement fous leur influence; l'art du calligraphe, plus fplendide à Conftantinople, plus varié dans fes productions à York ou bien à Lindisfarne, n'avait nullement ceffé de multiplier les beaux livres durant
les fiècles antérieurs. Pour fe convaincre de ce que nous difons, il fuffit
d'examiner quelques pages du *Bréviaire d'Alaric*, connu auffi fous le
nom de *Bréviaire d'Anien*, & qui, remontant au VIᵉ fiècle, n'eft autre
chofe qu'un abrégé du code Théodofien; il fuffit encore de parcourir
certains manufcrits de Grégoire de Tours, écrits durant la même période, ou de confulter le Pfautier latin que l'on confervait à l'abbaye
de St-Germain, & dont le bel ouvrage de M. Sylveftre a reproduit
un fpécimen. Il ne faut pas oublier non plus que lorfque faint Céfaire
fondait un couvent de femmes à Arles, il prefcrivait, comme l'une
des premières règles impofées à ces religieufes, l'obligation de confa-

crer chaque jour plusieurs heures à la reproduction des livres légués par l'antiquité au VIe siècle. Saint Ferréol en faifait également une obligation aux moines qu'il dirigeait dans la ville d'Uzès.

Il résulte de ces faits que si nous pouvons nommer, dès le VIIIe & le IXe siècle, des peintres & des chryfographes habiles, qui fe perfectionnèrent peut-être fous l'influence des institutions provoquées par Alcuin, ils avaient déjà trouvé fur le fol de la France des modèles qui n'étaient pas fans éclat. Les Dagulf, les Engelhard, les Chadold, & poftérieurement les Beringar, les Liuthard, ne furent pas abfolument réduits à fe guider fur les modèles qui leur venaient de Byzance ou d'Angleterre. La péninfule ibérique elle-même, vers laquelle Charlemagne porta fes armes, n'était pas tellement défolée par la conquête récente des mufulmans que l'art du calligraphe en eût complètement difparu ; il s'était réfugié dans la Catalogne ou dans les Afturies, tandis que l'Andaloufie fe prêtait à tous les caprices de l'art tel que le comprennent les Orientaux. Les chroniques nous fignalent un prêtre nommé Beatus, illuminateur habile, auquel on dut au VIIIe siècle une Apocalypfe que l'on conferva longtemps dans la cathédrale d'Urgel, & qui fe diftinguait par cet éclat prefque fulgurant, que les artiftes aquitains obtenaient parfois aux dépens de l'harmonie.

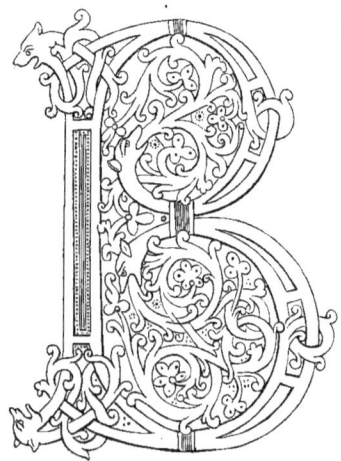

IEN qu'il exifte un affez grand nombre de manufcrits écrits en France, à la fin du VIIIe siècle, celui qui offre des peintures de plus grande dimenfion eft l'Evangéliaire de Charlemagne, aujourd'hui confervé au Louvre dans le Mufée des Souverains ; il eft plus connu fous la dénomination affez impropre d'Heures de Charlemagne, & il fe compofe en réalité d'extraits de l'Evangile pour toute l'année.

Il fut écrit vers 781, par ordre du grand empereur d'Occident & de l'impératrice Hildegarde. Le couple impérial en fit don à l'abbaye de St-Sernin, le plus antique monaftère de Touloufe, à l'époque où Charlemagne fe rendit auprès de l'un de fes fils, fouverain de l'Auftrafie.

Gottſchalck (*Godeſcalcus*) ne mit pas moins de ſept années à l'é-
crire & à l'enrichir de toutes les ſplendeurs de la chryſographie. Le
texte eſt à double colonne, ſur un fond pourpre. Juſqu'en 1793, cet
ineſtimable monument de l'art du viiie ſiècle fut conſervé dans un étui
d'argent; l'étui volé, ce beau livre fut enlevé du monaſtère de St-Sernin & jeté dédaigneuſement parmi des parchemins deſtinés à être
vendus. M. de Puymaurin le ſauva de la deſtruction & le fit parvenir
à Paris. Réintégré plus tard dans la ville de Touloufe & placé momentanément parmi les volumes précieux de la Bibliothèque, la ville
en fit hommage à Napoléon Ier, lors des folennités qui accompagnè-
rent la naiſſance du roi de Rome.

Les grandes miniatures de ce livre capital ont été reproduites au
trait par M. A. Dauzatz, & figurent dans les *Voyages pittoreſques &
romantiques de l'ancienne France*, par Taylor & Ch. Nodier. (Voyez
le tome Ier, *du Languedoc*, 1833.)

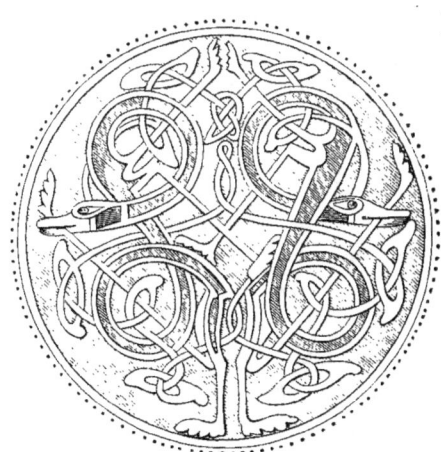

N peut à coup ſûr ranger
parmi les plus beaux livres
que nous a légués la période
carlovingienne, ce manuſcrit
inſpiré par les auſtères & no-
bles ſouvenirs de la calligraphie antique; mais celui que
devait ſurtout préſerver avec
amour Gerwrard, le bibliothécaire de Charlemagne, a
fourni à l'une des pages de
l'*Imitation*, un de ſes plus
ſplendides entourages (*Table*,
page ii) : c'eſt l'Evangile provenant de l'ancien monaſtère & prieuré
royal de St-Martin-des-Champs, dépoſé à la Bibliothèque impériale de
Paris. Le livre d'Evangiles de St-Médard de Soiſſons, qui exiſte à la
même bibliothèque, & qui dut être auſſi ſous la garde de Gerwrard,
a permis de reproduire des ornements d'un ſtyle merveilleux (*Table*,
pages iv & v), après avoir fourni au vaſte recueil de M. le comte de
Baſtard une de ſes pages ſymboliques les plus magnifiques.

Un amateur éclairé, M. Jalabert, avait recueilli un Evangéliaire faiſant partie des somptueux volumes exécutés pour Charlemagne ; il nous a été libéralement communiqué, & est venu mêler ses ornements de style roman pur aux quatre autres volumes appartenant à cette grande époque, & mis à contribution pour l'*Imitation* (page 400).

Toutes les richesses calligraphiques de la période carlovingienne pourraient à peine être décrites dans un volume entier, & la Bibliothèque impériale de Paris est sans contredit sur ce point la plus favorisée de celles qui ont un nom en Europe. Lorsque quelque beau livre de cette époque apparaît, à de rares intervalles, dans les ventes, il fait une vraie révolution dans le monde des bibliophiles. Il y a quelques années, l'illustre auteur de la *Vie de Raphaël*, M. Passavant, n'a pas craint de consacrer ses rares connaissances en esthétique à une de ces Bibles, & l'on a vu, en 1836, un simple amateur, M. Giordet, acquérir au prix de 37,500 francs un de ces trésors bibliographiques que possédait M. Evans de Pall-Mall. Il est vrai que cet Ancien Testament, commencé en 800, terminé en 801, par Alcuin, ne laissait rien à désirer quant à la splendeur des ornements.

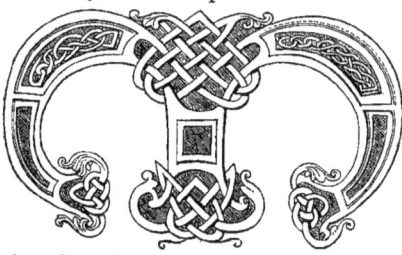

AIS si ce beau volume marque une époque, il ne signale pas un changement dans l'art. Le style des peintures est le même, celui de la calligraphie va toujours en se modifiant, la majuscule romaine est de plus en plus abandonnée. M. Champollion a dit avec beaucoup de justesse : « Dès le règne de Charlemagne, l'écriture teutonique se forma à la voix imposante du grand monarque, & la minuscule moderne pénétra de plus en plus dans les chancelleries, dans les actes de l'autorité publique & dans les habitudes des nombreux scribes qu'une apparence de renaissance des lettres multiplia temporairement pendant le grand règne. »

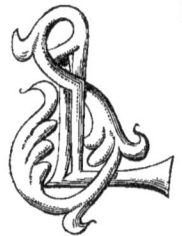

ES noms de calligraphes habiles qui apparaissent à cette époque sont un peu moins rares que par le passé. Peut-être Dalguf, qui traçait avec tant d'élégance les lettres d'or, vivait-il encore au début du siècle ; mais Beringar & Luithard en étaient l'honneur. Deux saintes religieuses, abbesses de ce couvent de Maeseyck où, 500 ans plus tard, devaient naître les frères Van

Eyck, fe diftinguaient dans la peinture des manufcrits. Harlinde &
Relingue figurent encore dans tous les ouvrages où il eft traité des
commencements de l'art en Belgique. Ingbert, l'illuminateur franc,
appartient plus particulièrement à cette férie d'artiftes que protégeaient
les fuccefleurs de Charlemagne. Scribe & peintre à la fois comme on
le fuppofe, ce fut lui qui exécuta la belle Bible latine du couvent des
Bénédictins de St-Calixte à Rome, dite Bible de faint Paul, & que
Ruhnmor a réhabilitée.

Ingbert, *Ingobertus*, (il latinife lui-même fon nom) put travailler
aufli à ce chef-d'œuvre calligraphique, dont les figures ont été reproduites dans tous les ouvrages que l'on a publiés fur le coftume, & il a
fourni à l'*Imitation*, un choix inappréciable d'ornements pour les
pages 394, 395, 398, 399. Cette grande Bible, offerte folennelle-
ment à Charles-le-Chauve, en 866, par les chanoines de St-Martin
de Tours, eft allée, après mainte viciflitude, repofer fous les vitrines
du Mufée des Souverains. Protégée ainfi contre les regards indifcrets,
ce magnifique manufcrit fe trouve d'ailleurs reproduit dans l'ouvrage
de M. le comte A. de Baftard, qui en donne d'admirables fpécimens,
complétés, pour la chryfographie, par la *Paléographie univerfelle*.
M. Champollion fuppofe que ce livre célèbre fut écrit entre 842 & 846.

Charles-le-Chauve, qui alla mourir fi miférablement dans la cabane
d'un berger, aimait paflionnément les beaux livres; ce fut pour lui
que l'on écrivit encore cette jolie Bible, dite de faint Denis, que pof-
sède la Bibliothèque impériale (*Table*, pages ii, iii, vi & vii), & l'Evangéliaire du monaftère de St-Emmeramm de Ratisbonne eft paflé dans
cette riche bibliothèque de Munich, où tant de chefs-d'œuvre ont été
claflés avec habileté.

Les Evangiles dits de Fauchet, dont le calligraphe eft refté inconnu,
offrent un des fpécimens les plus élégants & les plus harmonieufement
nuancés, quant à l'ornementation, qui nous foient reftés de cette période. (Voyez les pages 250, 251, 254, 255.)

Cette rare élégance du ftyle *franc*, offre, il faut bien le dire, un
certain contrafte avec les enroulements zoologiques fi fortement ac-
centués, qu'on remarque dans les pages 246-247, & dans lefquels l'artifte a fu habilement combiner les ornements franco-faxons d'une
Bible de Charles-le-Chauve avec ceux du livre d'Evangiles, dits de

François II. Ces belles pages ſont le réſultat d'une combinaiſon re-
nouvelée rarement dans notre livre ; pour les obtenir, il a fallu recourir
à deux magnifiques volumes du Muſée des Souverains & de la Bibliothèque impériale.

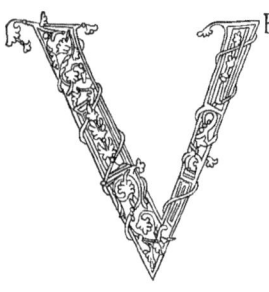

ERS le IXe ſiècle encore, on trouve l'un des
plus beaux livres religieux de la Bibliothèque
impériale, dont les ornements ont été répandus ſur les marges des pages 178, 179, 182
& 183. Il fut écrit pour Drogon, ce fils naturel
de Charlemagne, qui, devenu évêque de
Metz, inſtitua des écoles où les lettres reçu-
rent de ſi grands encouragements.

Au IXe ſiècle, le *ſcriptorium* de St-Martin de Tours était un centre
actif où les livres ſe multipliaient; les Evangiles dits de Lothaire, que
l'on conſerve à la bibliothèque de la rue de Richelieu, y furent écrits
pour ce petit-fils de Charlemagne qui avait été aſſocié à l'empire
d'Occident en 817. (*Table*, page x.)

Le Sacramentaire dont les pages 276 & 277 offrent de ſi brillants
ſpécimens, & où le texte de l'*Imitation* a été mis en harmonie avec
l'élégante originalité de l'ornement, eſt, ſelon toute apparence, un
produit de ces écoles fécondes que répandit partout Charlemagne. Il
appartient aujourd'hui à la bibliothèque d'une univerſité célèbre, mais
il provient originairement du couvent de Petershauſen, près de Cons-
tance, & il fut écrit pour Grégoire IV, qui, devenu pape en 827,
vint en France & tenta vainement de rétablir la bonne harmonie dans
la famille impériale.

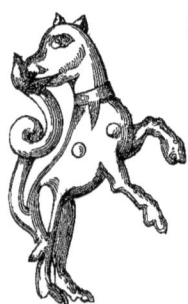

NGBERT ſe vantait au IXe ſiècle de pouvoir faire
oublier par ſon habileté les illuminateurs de l'Italie.
Il avait ſous les yeux, ſelon toute probabilité, de
pures réminiſcences d'un art perdu, longtemps pré-
ſervées chez les Romains & qui, au IXe ſiècle, pouvaient encore lui ſervir de guides. On trouve dans
le précieux ouvrage de Willemin, publié ſous ce titre :
Monuments français inédits, la formule modeſte par
laquelle le célèbre calligraphe aimait à ſe caractériſer.

UAND un artiste prétendait alors reproduire les expres-
sions les plus énergiques de la physionomie humaine, il
était arrêté sans doute par une formule qu'on lui impo-
sait, mais, s'il voulait étudier la variété des attitudes chez
l'homme, il trouvait un modèle sûr dans le beau
Térence de la Vaticane, que l'on croit avoir été écrit
entre le vIII^e & le IXe siècle. Ce livre si varié n'a de
rival que dans un volume du même genre, dans cet autre manuscrit
de Térence, peut-être un peu postérieur quant à l'exécution, dont la
célèbre Mme Dacier fit jadis graver les figures. Grâce à ces deux livres,
on en a la preuve : l'art en Italie avait des souvenirs du monde antique
qui, à l'abri du cloître, lui faisaient chercher une sorte d'émancipation.

Pour ne mentionner ici, & bien rapidement, qu'un certain genre
d'ornementation, celui des marges ou celui de ces *canons* ecclésiastiques,
l'ornement des beaux livres religieux de ce temps, il est bien certain
qu'une foule de manuscrits détruits dans les temps de troubles posté-
rieurs au IXe siècle, pouvaient reproduire encore ces sortes d'arabesques
pleines d'élégance, que l'on devait à l'école de Ludius, le calligraphe
aimé des Romains, l'illuminateur qui surpassait en habileté, de l'avis
de Pline, tous les artistes du même genre que l'on eût été tenté de lui
opposer.

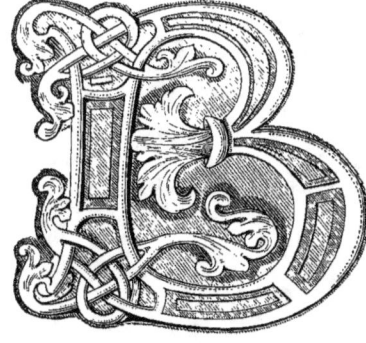

IENTOT l'influence de ces splen-
deurs calligraphiques s'étendit sur
l'imagination des peuples, & l'on
peut dire aussi sur l'esprit de quelques individus appelés par leur si-
tuation à dominer le mouvement
intellectuel de leur époque ; une
anecdote conservée par le P. Ch.
Cahier, suffit pour nous le faire
comprendre :

« Ce fut la beauté des lettres ornées qui excita l'amour de la science
& le désir de l'étude dans le cœur du grand Alfred, demeuré sans lettres
jusqu'à l'âge de douze ans. Un jour qu'il entrait avec son frère chez
Judith, fille de Charles-le-Chauve, l'élégance d'un manuscrit que cette
princesse lisait en ce moment, frappa les deux enfants. Et sur l'assu-

rance qu'elle leur donna d'en faire préſent à celui qui le premier aurait appris à le lire, Alfred commença, pour l'amour du beau livre, cette vie ſtudieuſe & appliquée dont il contraƈta l'habitude. » (Affer. ap. Stolberg, *Vie d'Alfred-le-Grand*, ch. V.)

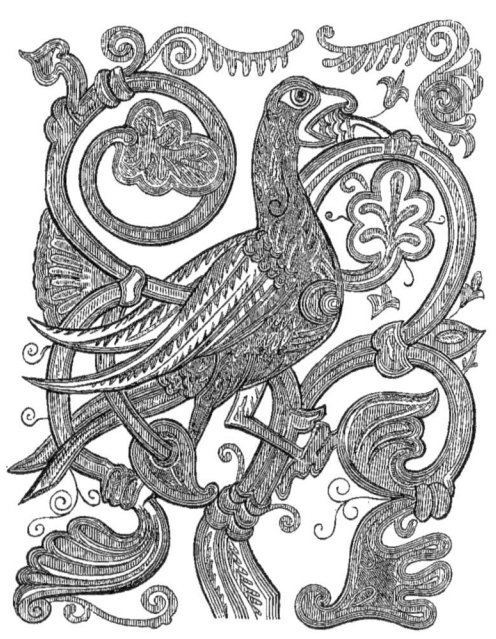

§ VI.

LE Xe SIECLE. — RARETE DES LIVRES ECRITS A SON DEBUT. — MO-
NUMENTS CALLIGRAPHIQUES DE CETTE PERIODE. — TERREURS
RELIGIEUSES INSPIREES PAR L'AN MILLE. — QUELQUES BEAUX MA-
NUSCRITS. — PERSISTANCE DU SYMBOLE ANTIQUE.

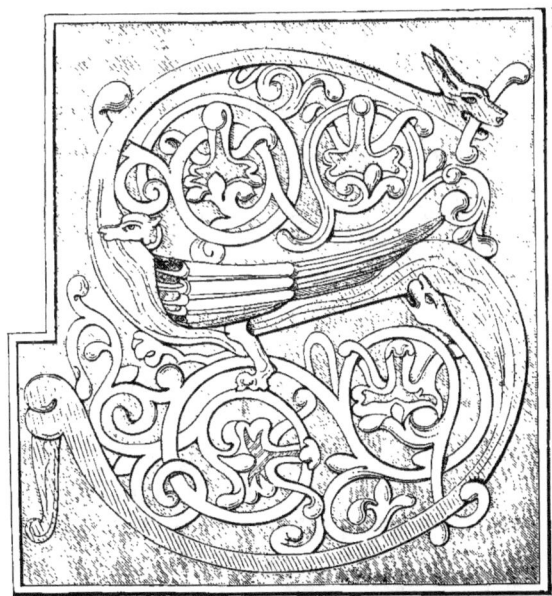

BISSON & COTTARD.

IECLE de révolu-
tions, de troubles
intérieurs, de guer-
res sans fin, les cent
années qui s'écou-
lent entre la dépo-
sition de Charles-
le-Gros & l'avéne-
ment de Hugues-
Capet, peuvent
être considérées
comme l'époque la
plus funeste de no-
tre histoire. Ce n'est
point, comme on
est tenté de le croi-
re, le temps où le
génie des arts a
complétement expiré. L'impulsion féconde donnée par Charlemagne
ne s'est pas éteinte : les institutions politiques ont fait naufrage, les livres n'ont pas disparu.

Pour être exact cependant, il faut le dire, on conserve les beaux manuscrits, mais on n'en fait plus ; il y a même un moment où l'industrie
du scribe semble tout à fait ignorée ; ce redoublement de ténèbres
peut être fixé au moment où s'éteint le IXe siècle, où va poindre le xe :

alors l'ignorance est universelle, & il n'est pas rare de voir les dépositaires de la loi, étrangers à l'art le plus rudimentaire du calligraphe, ne pas savoir signer leur nom.

Les beaux modèles subsistent néanmoins, & ils féconderont bientôt l'époque qui va succéder. Durant la deuxième moitié du xe siècle, la bibliothèque d'Abbon ne contenait pas moins de cent volumes ; l'homme le plus éminent de cet âge, Gerbert, étudiait de nouveau l'antiquité & possédait quelques-uns des génies immortels qui ont conduit l'humanité.

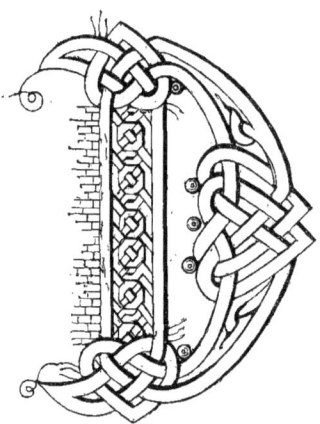

ES le xe siècle, la société dut se baser en France & dans le reste de l'Europe, sur une organisation bien différente de celle qui régissait le vaste empire de Charlemagne. Comme cela arrive dans toute grande révolution sociale, ce n'était pas sans peine que l'initiation à un nouvel ordre de choses s'était faite. Des jours de douleur & d'abattement avaient succédé à ces jours d'enthousiasme & d'étude que l'on a désignés, par une expression heureuse, sous le nom de première renaissance. S'il est bien avéré que ce bouleversement politique avait affaibli les lueurs d'une science naissante, telle que la comprenaient Alcuin & Raban Maur, on a exagéré, n'en doutons pas, l'influence de ces orages politiques sur une époque de transition. Durant quelques années, on n'en saurait plus douter, l'art des *antiquarii* s'éteignit complétement, le *scriptorium* fut délaissé ; mais cet abandon ne fut, après tout, que momentané, & encore ce dédain pour les travaux intellectuels a-t-il ses exceptions. Le zèle des illuminateurs & des calligraphes se réveilla bientôt, & il nous serait possible de citer plus d'un peintre miniaturiste qui s'illustra dans ces temps réputés barbares. Ce que nous affirmons ici est vrai, surtout des monastères de Rome & d'Angleterre. Parmi nous, ni le ciseau de l'orfèvre, ni le burin du ciseleur, ne s'étaient arrêtés, & certaines industries tenant de près aux beaux-arts, brillaient alors de plus d'éclat, peut-être, qu'ils n'en avaient eu dans des temps comparativement heureux.

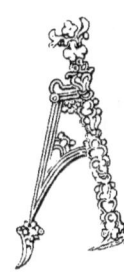

en croire néanmoins une tradition fort répandue, & si l'on obferve attentivement l'âge des monuments qui précèdent ceux du xie fiècle, une prédiction lamentable, qui fe propagea dans ces temps d'ignorance, arrêta pendant plufieurs années la marche de l'efprit humain. La terre avait fini fon âge, difait-on ; les hommes avaient vécu leurs jours, les dix fiècles accordés à l'humanité pour qu'elle pût fe repentir, s'étaient écoulés à jamais & ne devaient point reprendre leur cours : rien de ce qu'avait admiré l'homme ne devait fe renouveler. L'an mille était le terme fatal pour toute créature vivante, & l'an mille allait venir. Les plus finiftres avant-coureurs annonçaient la dernière conflagration.

LORS, fans doute, il y eut une grande terreur dans toute la chrétienté ; felon l'autorité irrécufable de certains hiftoriens, les travaux furent interrompus, & il eft probable que l'artifte dont les loifirs étaient confacrés à l'embelliffement des livres, ceffa fon paifible labeur, œuvre de patience & d'amour, déformais inutile. Peut-être ces terreurs ont elles été exagérées ; ce qu'il y a d'affuré, c'eft que l'on rencontre fort peu de livres ornés appartenant à cette période, défolée d'ailleurs par des mifères très-réelles. Le fcribe pouvait bien délaiffer fes beaux livres, quand l'architecte abandonnait fes monuments. Si nous graviffions cependant la montée folitaire qui conduit au couvent de la Cava, dans le royaume de Naples, nous pourrions admirer dans cet afile ftudieux, fermé aux bruits du monde, quelques beaux manufcrits de cette époque, & nous offrons (*Table*, titre & pages i & viij) le fpécimen d'un livre magnifique datant de cette époque, qui fait à bon droit aujourd'hui l'ornement d'une des plus riches bibliothèques de la France. Le Bénédictionnaire de l'archevêque Robert, écrit de 960 à 980, fut exécuté en Angleterre, & a fervi à fanctifier le couronnement des rois anglo-faxons, jufqu'à la conquête ; il fut exécuté pour Ethelgard, archevêque de Cantorbéry, par un moine chapelain d'AEthelvood, évêque de Winchefter, & le nom du calligraphe auquel on le doit a conquis une certaine notoriété dans l'hiftoire de l'art : c'eft celui de Godemann, qu'ont répété les nombreux écrivains qui fe font occupés du fameux Bénédictionnaire, auquel on ne faurait rien oppofer dans la riche bibliothèque de Rouen. L'humble fcribe Godemann, moine de St-Swithin, fe fit remarquer par une telle habileté, que vers l'année 970 il reçut la confécration de fon ancien patron, comme abbé de Thorney.

Tout a été dit fur le fplendide volume qu'il a orné, & il prouve une fois de plus combien il faut être circonfpect lorfqu'on applique à la marche de l'art certaines généralités hiftoriques. Il s'en faut bien d'ailleurs que ce beau livre foit le feul qui nous ait été légué par le xe fiècle.

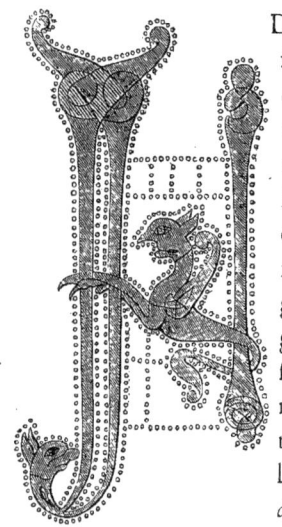

DEPENDAMMENT des livres du monaftère de la Cava, on trouve dans la bibliothèque Bodléienne d'Oxford une paraphrafe en vers de l'Ecriture fainte, compofée par Cæd-mon, dont AElfvine fut probablement l'habile illuminateur. AElfinus, l'un des religieux d'Hyde Abbey, près de Winchefter, était renommé également comme un habile calligraphe. A la même époque, & dans des régions pour ainfi dire oppofées de l'Europe, un faint prêtre catalan, Vigila, qui vivait dans le monaftère de Albeda, prenait, avec jufte raifon, le titre d'*illuminator*, & terminait en l'année 976, ce beau livre, connu fous le nom *del Vigilano*, forte de mifcellanée religieufe & politique, contenant les prefcriptions de divers conciles généraux, entre autres celles qui furent décrétées à Tolède, le *Fuero Juzgo*, & quelques opufcules. Ce qui eft fort rare à cette époque, des portraits ornent l'œuvre du prêtre catalan, qui a donné lui-même fon effigie à la fuite des miniatures repréfentant Sanche-le-Gros, Don Ramire de Navarre & la reine Urraca. Deux artiftes aquitains du xe fiècle figurent à côté de Vigila : ce font fes difciples Sarracino & Garcia, qui continuèrent une école féconde & dont Cean-Bermudez nous a fait connaître les réfultats. (Voyez notre *Catalogue bibliographique*.)

Plus de cent ans auparavant, l'Efpagne, en proie à une guerre d'invafion, tentait déjà de remplacer les livres que Rome lui avait tranfmis & que brûlaient les Sarrazins. Un prêtre afturien nommé Beatus, que nous avons déjà fignalé, s'infpirait des fouvenirs antiques; mais Beatus s'était féparé de Rome & avait embraffé avec ardeur les erreurs religieufes d'Elipand, l'archevêque de Tolède. (Voyez *Ocios de Ef-pañoles emigrados*, t. II.)

En ces jours d'orages politiques ou de combats acharnés, qui enfanglantaient le continent, l'art du calligraphe ne pouvait guère trouver de refuge que dans les âpres montagnes de l'Afturie, fur les hauteurs folitaires où s'élevait le monaftère de la Cava, ou bien encore dans ces opulents monaftères de l'Angleterre & de l'Hibernie, momentanément à l'abri des événements qui enfanglantaient le refte de l'Europe, & encore dans la fécurité que leur infpirait l'Océan.

Avant que les pirates du Nord, & plus tard les conquérants de la Normandie, vinffent incendier ces pieux afiles, c'était dans les monaftères de Landisfarne, d'York, de Winchefter, que s'exécutaient les plus beaux livres; c'était dans ce dernier couvent que vivait Godemann, le religieux dont la ville de Rouen possède le chef-d'œuvre, & qui a écrit le magnifique Pontifical que le duc de Devonshire conferve dans fa riche bibliothèque, & qui a fourni à l'*Imitation* une belle page. (*Table*, page ix.)

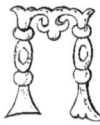 AIS, qu'elles fuffent exécutées à Lindisfarne ou bien à la Cava, à Ramberg ou bien à Tours, ces peintures offrent, prefque toujours, des images religieufes dont le ftyle fondamental ne varie point.

D'où vient donc ce caractère de famille fi fortement accentué, cette forme prefque hiératique qui fe pourfuit d'âge en âge, cette empreinte facerdotale qui fubfifte pendant trois fiècles? C'eft toujours dans les grandes métropoles qu'il a pris naiffance, mais auffi c'eft toujours de Byzance qu'il nous vient.

Dans tous les livres récents d'efthétique qui ont pour but l'hiftoire de l'art, les manufcrits à miniatures des VIIIe, IXe & X[e] fiècles, font invariablement défignés, en effet, comme offrant l'empreinte du ftyle hellénique modifié par Byzance. Cette vague appréciation ne faurait fatisfaire ceux qui ont eu fous les yeux un grand nombre de ces peintures, & furtout les ornements infiniment plus délicats dont elles fe trouvent accompagnées.

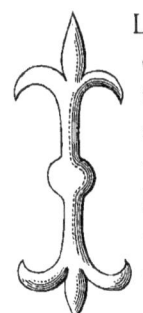L eſt hors de doute, pour ceux qui ont contemplé fré-
quemment ces images ſaintes, que l'artiſte auſtère du xᵉ
ſiècle peignait quelquefois avec rudeſſe, mais toujours
avec amour. Pour ceux qui ſe ſont ſentis émus d'une réelle
vénération, à la vue de ces figures qui prouvent auſſi bien
la naïveté des croyances que leur énergie, le ſtyle byzantin a d'innombrables variétés, & il en eſt de même à l'égard
des ornements. On peut apprécier ſans difficulté les caractères qui les diſtinguent, ſelon les ſiècles & ſelon les pays.
Non, les ſucceſſeurs de Théodoſe, de Caſſiodore, du moine Lazare,
ne ſont pas en tout pareils aux élèves d'Alcuin, d'AEtfrid, de Gottſchalck & d'Harlinde. La choſe eſt encore plus ſenſible lorſqu'il s'agit
de l'école d'Aquitaine repréſentée par Vigila. Dès ſon début, l'art
chrétien adopte, ſous une forme incorrecte ſans doute mais toujours
grandioſe, le ſtyle ſpécial qu'il doit garder ſous tous les climats. Avec
une forme preſque hiératique, il a une naïveté trop ſimple pour ſe
ſouſtraire à l'influence des lieux ou des ſouvenirs. Ceci peut paraître
une ſorte de paradoxe aux obſervateurs ſuperficiels, mais il exiſte des
différences marquées, eſſentielles, entre les illuminateurs primitifs de
Byzance & leurs élèves les Siciliens, entre l'art anglo-ſaxon & l'art des
Francs, entre le ſtyle précieux de certaines œuvres exécutées en Flandre
& celles qui ont pour auteurs des peintres catalans.

Et pour n'enviſager que les différences principales qui ſe produiſent
en Italie & en Grèce, ici, la chaſte ſévérité des attitudes, la triſteſſe des
ſymboles, une pureté d'expreſſion qui a quelque choſe de douloureux ;
là, tous les ſouvenirs de la cité reine, la ſplendeur des coſtumes, la
richeſſe des acceſſoires, la pompe des édifices, &, ce qu'il y a de plus
étrange, la parfaite intelligence de la croyance chrétienne ſoumiſe pour
un moment aux ſouvenirs des divinités de l'Olympe : voici l'art de
l'Italie & voilà celui de Byzance. Le grand aſpect dans l'ornementation,
une attitude ſérieuſe dans les figures, l'inſtinct guerrier ſe laiſſant deviner ſous l'impreſſion religieuſe, une exécution parfois barbare unie à
une élégance pleine de fineſſe, toujours un ſentiment de la beauté
pure, malgré les incorrections qui choquent dans le deſſin des extré-
mités, tel eſt l'art de l'Hibernie & de l'Angleterre. Habiles à diverſi-
fier à l'infini l'ornementation des initiales, les calligraphes anglais &

irlandais affectent furtout les formes zoologiques ; ils empruntent les formes vraies de la nature pour les affouplir aux fantaifies les plus étranges d'une imagination fans frein, & l'on voit naître fous leur pin- ceau ces êtres fans nom qui étonnent par leur bizarrerie & leur infinie variété.

ABITUES d'ailleurs à l'emploi de ces formes, ils ca- ractérifent ainfi l'art infulaire & celui de la France qui en eft iffu. Nous ne pourfuivons pas plus longtemps de pareils parallèles ; ils s'effacent d'ailleurs trop fouvent en préfence des monuments : ce qui ne s'efface jamais com- plètement, c'eft le fouvenir énergique de l'art byzantin lui-même.

Après les guerres des iconoclaftes, au xe fiècle, Byzance s'éprend d'un nouvel amour pour les fplendeurs de la calli- graphie. C'eft de cette époque qu'eft le fameux Ménologe offert à Paul V par le cardinal Sfrondati, & placé par lui dans le Vatican. Ecrit par ordre de Bafile II, le Jeune, qui règne à partir de 989, ce livre, magnifique en dépit de fes incorrections, fait voir combien l'art antique avait confervé fon influence à Conftantinople, au temps même du plus grand abâtardiffement politique.

Mieux que tout autre, il nous fait connaître ce qu'on pouvait réunir d'artiftes illuminateurs dans Byzance & dans la Grèce. Ce bel ouvrage publié fous Benoît XIII par les foins du cardinal Albani, offre les noms de huit peintres calligraphes : Pantaléon, Simon, Michel Bla- chernita, Georges Ménas, Michel Petit (Μικρός) & Neftor étaient fans aucun doute les hommes les plus habiles de leur temps.

La Bibliothèque impériale de Paris poffède un admirable monument de la calligraphie grecque de cette époque. C'eft un manufcrit orné de belles peintures de ftyle byzantin pur, intitulé : *Commentaires & Prières publiques* (x· fiècle), qui a été mis à profit par M. Sylveftre dans fa magnifique collection.

Nous avons dit quelques mots en paffant de la perfiftance des fou- venirs antiques dans l'art religieux, tel qu'il était pratiqué par les illuminateurs de Byzance. Nul ouvrage, peut-être, ne donne une idée plus complète de cette fufion momentanée de l'allégorie païenne avec le fymbole chrétien : chacune de ces belles pages révèle l'alliance que nous fignalons

Dans les *fcriptoria* de l'Occident, l'art ne fuivit pas ces errements, & il fut infiniment plus févère. Le fymbole ne fut pas dédaigné, mais il refta chrétien. Pour s'affurer de ce fait, il fuffit d'examiner les beaux ouvrages de faint Ulric, de Godemann, de Foulques ou Foulcuin, l'habile illuminateur de l'abbaye de St-Hubert, qui leur fut un peu poftérieur; de faint Dunftan, le plus infatigable calligraphe du xe fiècle; de Sintramn, dont les travaux honorèrent l'abbaye naiffante de St-Gall.

Selon le P. Cahier, Sintramn fit jadis le défefpoir des calligraphes de fon temps, pour la beauté du trait, la régularité des pages qu'il exécutait & dont, fans aucun doute, il peignait les encadrements. Une tranfcription des Evangiles, exécutée par lui, reçut en guife de couverture les tablettes d'ivoire que le moine Tutilon avait jadis fculptées, & qui avaient affez vivement excité l'admiration de Charlemagne pour que le grand empereur en fît orner l'un de fes plus beaux livres. Goldaft de Heiminsfeld, né à St-Gall au xvie fiècle, & hiftorien de l'abbaye, avait vu encore de tels chefs-d'œuvre exécutés par Sintramn, que, felon lui, jamais calligraphe ne pourra lui être comparé, ni pour le nombre des ouvrages fortis de fes mains ni pour leur beauté.

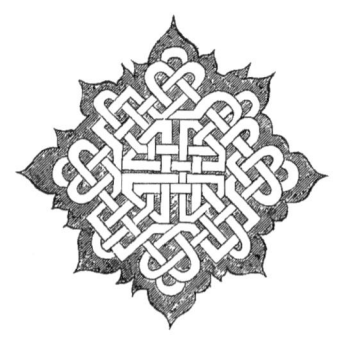

§ VII.

ENDANT la période qui s'écoula depuis le temps de Grégoire de Tours jufqu'au fiècle des Croifades, un beau livre orné de tout le luxe de la calligraphie faifait fouvent partie du tréfor d'une abbaye ou d'une églife métropolitaine ; il avait parfois fa place parmi les joyaux de la couronne. Rien n'était négligé pour le préferver de la deftruction, & le bel Evangéliaire donné à St-Sernin de Touloufe par Charlemagne, était renfermé dans un étui d'argent maffif. On avait déployé plus de fplendeur encore dans la caffette qui devait renfermer une copie des quatre Evangiles, commandée par faint Wilfrid au VIIe fiècle : elle était d'or enrichie de pierreries.

Lorfqu'un monaftère, tel par exemple que celui de St-Victor-lez-Marfeille, était parvenu à réunir un affez grand nombre de volumes, au XIIe fiècle, pour que l'inventaire en devînt néceffaire, on peut dire que la communauté religieufe poffédait une valeur que nul ne pourrait eftimer aujourd'hui. (Voyez les *Documents inédits relatifs à l'Hiftoire de France.*)

Le prix toujours exceffif de la matière deftinée à recevoir l'écriture, n'était pas ce qui concourait le moins à rendre exorbitante la

cherté des livres. Cette cherté ſe fit ſentir depuis les temps antiques
juſqu'à une époque bien rapprochée de la Renaiſſance. Sans parler
ici du papyrus, dont, ſelon les calculs ingénieux de M. Firmin Didot,
une ſimple feuille ne coûtait pas moins de 4 fr. 50 cent. de notre
monnaie, jamais le parchemin, quelle que fût l'habileté avec laquelle
on le préparait, ne put être donné à un prix aſſez modéré pour qu'on
l'employât, nous ne dirons pas avec l'eſpèce de profuſion que nous
mettons même dans l'emploi des papiers de choix, mais ſeulement
avec l'eſpèce de réſerve que les Orientaux gardent toujours, lorſqu'ils
ſe ſervent de papier de coton ou de ſoie pour la tranſcription de leurs
ſplendides manuſcrits ; on ſait qu'il faut atteindre le xiie ſiècle, pour
rencontrer l'uſage du papier tel que nous l'employons aujourd'hui.

Les ſavants ne nous ont pas encore appris ce que valait le parchemin au temps d'Eumène, roi de Pergame, qui, nous diſent-ils, le per-
fectionna, s'il n'en fut l'inventeur ; mais aux plus beaux temps de Rome
ce prix était encore très conſidérable. Les citoyens les plus opulents de
la ville éternelle n'héſitaient pas à faire ſervir pluſieurs fois une même
feuille de papyrus ou de parchemin : ainſi que le fait très bien obſerver
M. Champollion, Cicéron lui-même, auquel rien ne coûtait, on le
fait, pour l'entretien de ſa bibliothèque & de ſon riche cabinet, Cicéron « écrivait au juriſconſulte Trébatius, pour le louer de ſon induſ-
trieuſe parcimonie en ce point, & lui demandait en même temps s'il
n'arrivait pas qu'il effaçât les lettres qu'il écrivait, pour écrire écono-
miquement ſes réponſes ſur les mêmes feuilles. » Le grattage des parchemins, ſi fréquemment déploré de notre temps, n'était donc pas,
on le voit, le fait des barbares, mais il ſe répéta peut-être un peu plus
ſouvent durant les bas ſiècles & même durant le moyen-âge, où les
peaux préparées pour recevoir l'écriture furent certainement plus chè-
res que dans l'antiquité, ſurtout lorſque, par des préparations dont le
ſecret ſemble s'être perdu vers le ixe ſiècle, les parchemins étaient magnifiquement teints en pourpre, en bleu ou en violet. (Voyez Natalis
de Wailly, *Eléments de Paléographie*, t. i, page 372.)

Ce n'était pas tout ; les couleurs choiſies que l'on tirait preſque toujours de l'Orient, de l'Eſpagne ou de l'Italie, l'or & l'argent employés
par les chryſographes, ſurtout depuis le viiie ſiècle juſqu'au xe, ren-
daient la tranſcription des livres ornés d'un prix plus conſidérable. Ce
prix s'éleva encore lorſque les métaux précieux ne furent plus employés

par le calligraphe, réduits à l'état d'encre, & que l'on difpofa des
lames très fines d'or pour en orner certains fonds ou pour donner plus
de fplendeur à certaines lettres.

On le voit donc : non-feulement par le foin méticuleux que les calligraphes apportaient à leur œuvre, mais auffi par la richeffe des matières employées dans la confection toute matérielle d'un livre un
peu confidérable, les beaux volumes de l'époque carlovingienne ne
pouvaient guère appartenir qu'aux têtes couronnées ou bien aux grandes maifons religieufes. Il n'était pas rare alors de voir une métairie,
pourvue de tous fes moyens d'exploitation, échangée contre un Pontifical ou un Bénédictionnaire.

Trois fiècles plus tard, une comteffe du pays d'Anjou, nommée
Grécie, ne craignit pas de confacrer à l'achat d'un feul volume une
variété d'objets dont le prix fuffirait, de nos jours, pour acquérir une
bibliothèque, finon fort importante par la rareté des éditions, du
moins affez variée pour qu'on y pût réunir tous les auteurs jouiffant
de quelque renom. En échange des homélies compofées par Haimont
d'Alberftadt, elle fit délivrer par fon intendant 200 brebis chargées de
leur laine, un muid de froment, un muid de feigle, un de millet &
trois peaux de martre. (*Hift. litt. de France*, t. viii, page 3.) Il y avait
encore progrès fur l'antiquité, puifque Platon fit acheter pour cent
mines, équivalant à 9,000 fr., trois traités de Philolaüs, & qu'Ariftote
donnait trois talents, plus de 16,000 fr., pour un petit nombre de
volumes dont Speufippe avait fait ufage. (F. Didot, *Sur le prix du papier dans l'antiquité.*)

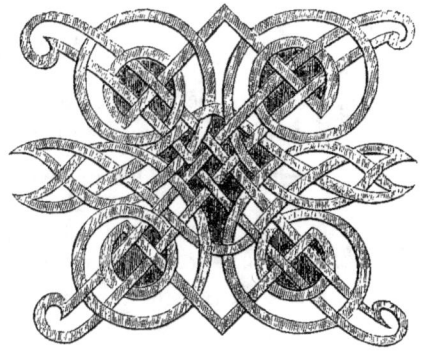

§ VIII.

MAJUSCULES ORNEES DES MANUSCRITS A PARTIR DE L'EPOQUE CAR-
LOVINGIENNE. — LEUR MAGNIFICENCE DURANT LES VIIIe, IXe, X^e,
ET XIe SIECLES. — LEUR DENOMINATION. — SIMILITUDE QU'ELLES
PRESENTENT AVEC LES FORMES ARCHITECTONIQUES. — OPINION
DE M. VITET A CE SUJET.

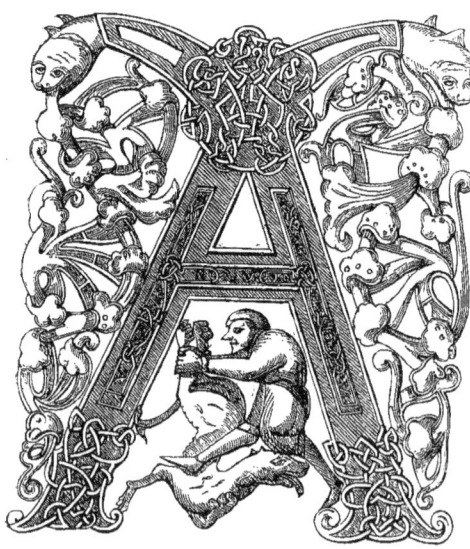

U temps de Charlemagne & juſqu'au début des croiſades, le regard s'arrête toujours avec admiration ſur les belles lettres initiales qui ouvrent ſi majeſtueuſement les livres religieux que produiſent quatre ſiècles.

Ce n'eſt pas que les calligraphes mettent par la ſuite moins de ſoin & répandent moins de ſplendeur ſur cette œuvre de patience, ce n'eſt pas qu'ils entrelacent avec moins d'habileté les traits d'azur & de pourpre, combinés avec l'éclat de l'or ; mais, après une durée de ſix cents ans, la tradition ſe perd : les majuſcules qui précèdent un texte écrit en lettres onciales, ſe diſtinguent par un ſtyle calligraphique qu'on ne rencontre plus au-delà du XIIe ſiècle.

Dans une des ſavantes diſſertations qu'il deſtine au texte de ſon vaſte ouvrage, M. le comte A. de Baſtard a parfaitement établi la na-

ture & l'origine des initiales ornées, qui ont dû nous occuper exclufivement au point de vue de l'art.

L'un des premiers, & en combattant même parfois l'opinion de fes
favants devanciers, il a prouvé que, tout en héritant de la civilifation
romaine & de fa calligraphie, rénovée pour ainfi dire en 593 par
l'arrivée de faint Auguftin, cette calligraphie, importée chez nous au
VIIIe fiècle, avait confervé un ftyle vraiment original ; il a auffi prouvé
que les manufcrits faxons du VIIe & du VIIIe fiècle, tiennent en général, à caufe du fini de leur exécution & du luxe de leur enfemble, la
première place au milieu des livres de l'Europe centrale & occidentale
du même temps.

Selon cet érudit archéologue, les livres des îles britanniques, furtout
les plus anciens, fe diftinguent de ceux du continent par le goût fin-
gulier, original & bizarre des initiales, par la profufion extraordinaire
de nœuds & d'entrelacs, employés avec une intention myftique, & qui
fe voient également en Irlande & en Angleterre, fur les monuments en
pierre comme fur les manufcrits.

« Au VIIe & au VIIIe fiècle, l'entrelac anglo-faxon ne fe borna pas,
dit M. de Baftard, aux ornements & aux initiales des livres, il s'étendit auffi aux figures d'hommes & d'animaux dont il trace les contours
avec peu de naturel, il eft vrai, mais avec fineffe & habileté. Il en-
fanta, chez nous, au IXe fiècle, ces admirables lettres entrelacées dites
auffi en treillis & à mailles, auxquelles j'ai donné le nom de gallo-
franques, par oppofition aux initiales franco-germaines & franco-
faxonnes, & qui font un des plus riches ornements des livres exécutés
dans la France centrale, pour l'empereur Lothaire & le roi Charles-le-
Chauve. »

Voilà bien, en effet, la lettre fymbolique & grave qui convient à la
Bible, à l'Evangéliaire , au Pontifical des premiers temps du moyen-
âge.

Plus tard, peut-être, une grâce plus capricieufe, des ftyles plus mé-
langés, une préoccupation plus vive de l'inattendu, remplaceront, dans
les initiales, ces lignes harmonieufes qui fe déroulent avec tant de
majefté & qui conviennent fi bien aux grandes pages dépofitaires des
traditions facrées.

l'origine de nos écoles calligraphiques, & malgré l'étude évidente des modèles venus de Byzance ou de Rome, il y a originalité native & liberté d'exécution. Qui pourrait songer aujourd'hui, par exemple, à retrouver dans les modèles de l'antiquité cette claſſe ſi variée & ſi ſingulière à la fois que l'on déſigne ſous le nom de lettres *phyllomorphes* & *anthophyllomorphes* & qui ſe compoſent uniquement de feuilles & de fleurs. Cependant ces initiales, ſi fréquemment employées en France au vIIe ſiècle, n'ont pas leur origine dans les manuſcrits grecs dont l'influence ſe fait alors ſentir : les pages ſplendides venues de Byzance n'en offrent jamais le modèle.

Ces initiales ſi variées préſentent auſſi dans leur fini une telle délicateſſe, qu'elles ont pu faire croire à l'uſage de la plume métallique dans quelque antique *ſcriptorium* qui l'ignora probablement toujours. Sous ce rapport, la patience monaſtique a accompli des eſpèces de prodiges, plus extraordinaires, peut-être, que ceux réaliſés par notre induſtrie. Ces petites merveilles calligraphiques ont leurs âges : les lettres à jour caractériſent principalement les livres des vIIe & vIIIe ſiècles; les lettres capitales, dites à treillis, à mailles, à chaînettes, marquent une période un peu poſtérieure, de même que celles qu'on déſigne ſous le nom de lettres enclavées, ſignalent un temps antérieur à la révolution opérée par Alcuin.

Nous renvoyons pour les lettres *bullatiques, capitulaires doubles*, employées comme majuſcules initiales, au grand ouvrage de M. de Wailly. Ce ſera dans ce vaſte traité qu'on apprendra à diſtinguer les lettres de *forme, goffes, griſes, impériales*, &c.; les lettres *tondues, torneures*, &c., y ſont déſignées dans des paragraphes particuliers. Nous nous contenterons de faire remarquer, avec l'auteur des *Eléments de Paléographie*, « que les lettres coloriées fourniſſent à l'artiſte & à l'antiquaire une ſource inépuiſable d'obſervations curieuſes, ſoit que la mode dans ſes caprices leur emprunte des modèles de parure & d'ameublement, ſoit que le ſavant liſe dans leurs ornements ſymboliques l'hiſtoire cachée des mœurs d'un autre âge. Quand même on ſe bornerait à étudier ces monuments ſous le rapport de la paléographie, ils fourniraient encore des documents précieux pour cette ſcience. » (Voyez t. Ir, page 376.)

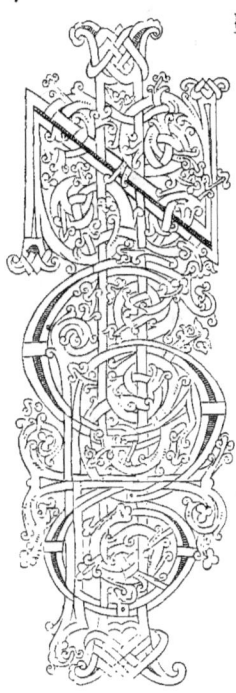

L n'eſt rien de plus varié que ces lettres dans leurs
formes, rien de plus ſignificatif que leurs multi-
ples enlacements. Tantôt, véritables *chronogra-*
phes, elles renferment dans leurs divers contours
une date qu'on chercherait vainement autre part;
tantôt on reconnaît en elles le génie antique
qui a préſidé à l'invention des lettres tironien-
nes & qui offre la ſignification de tout un mot
dans les circonvolutions d'un ſeul caractère;
partout, & même au premier aſpeçt, on retrouve
la noble gravité de ces temps primitifs où la lettre couvre de grands ſymboles.

Vienne le contaçt plus immédiat avec l'Orient,
viennent enfin les temps où l'ogive remplacera,
durant pluſieurs ſiècles, le plein cintre, on verra
naître bien d'autres variétés de la lettre *hiſtoriée*,
& la ſcience naiſſante du blaſon, elle-même, en
inventant les grandes capitales armoriées, dotera
quelques-uns de nos vieux livres d'une ſource
précieuſe, atteſtant certaines origines ; alors auſſi l'arabeſque proprement dit, dont le nom indique ſuffiſamment le ſtyle, modifiera de
ſes mille caprices ce bel art des calligraphes romains, que Tory re-
nouvellera avec tant d'élégance pour en parer les chefs-d'œuvre de la
typographie.

Avant la Renaiſſance, le génie du moyen-âge prétendra briller de
ſes magnificences vraiment originales, & s'épanouira peut-être avec
un peu de profuſion dans ces majuſcules que nous avons eu ſoin également de reproduire.

Ainſi que l'ont dit les Bénédiçtins, « il n'eſt peut-être pas de caractère plus facile à ſaiſir, ni plus propre à déterminer l'âge des manuſcrits
que celui qui réſulte de la forme & du génie de leurs lettres hiſtoriées,
répondant à nos lettres griſes. En général, leur rareté dans les manuſcrits où d'ailleurs on ne s'eſt point négligé ſur l'élégance, eſt en pro-
portion avec leur antiquité. »

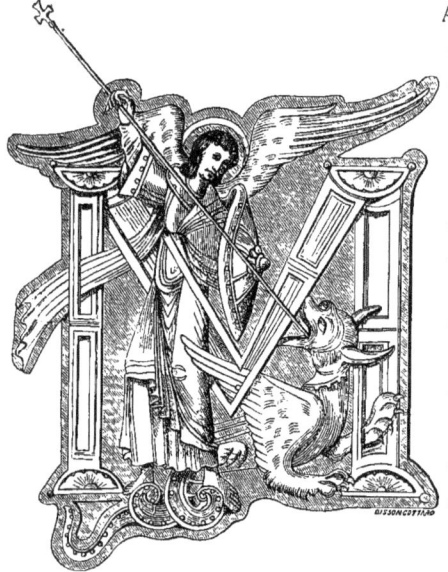

AIS quel que soit le siècle & , par conséquent, le style de ces splendides initiales, il faudra des mots nouveaux pour désigner leur luxe varié & les mille caprices dans lesquels l'illuminateur se sera complu, aux dépens de l'art plus simple du chrysographe. C'est surtout dans Montfaucon que l'on trouve des exemples de cette espèce d'alphabet fantastique, & il les puise dans les beaux manuscrits que ses longs voyages scientifiques lui avaient permis de consulter.

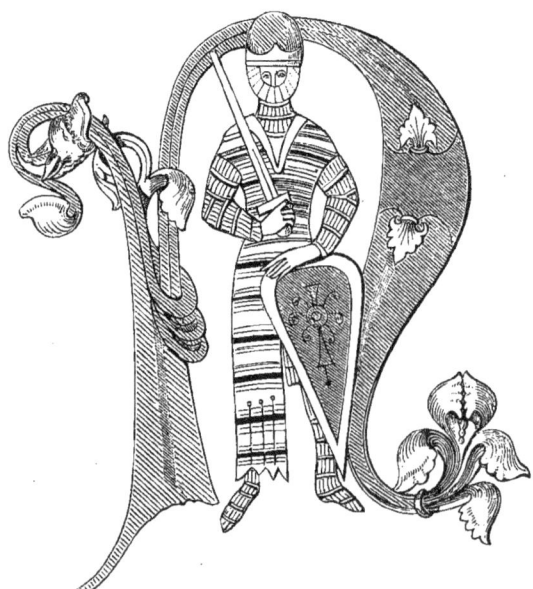

OUS voyons d'abord la majuscule historiée dominée par une tête d'ange ou de saint & même ornée simplement d'une figure de roi, de prêtre ou de guerrier, prendre le nom de lettre *anthropomorphique* ; son emploi est fréquent : on la retrouve dans beaucoup de manuscrits du IXe siècle & bien après, comme nous en offrons la preuve ; elle apparaît surtout au commencement des oraisons, où la figure du saint que l'on invoque est reproduite.

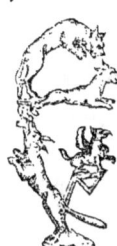

NSUITE, celle qui affecte la forme d'un quadrupède ou de plufieurs quadrupèdes enlacés en fe pourfuivant, & qui fe nomme, d'après le même ordre d'idées, lettre *zoographique*.

La lettre *ornithoéide* développe les formes gracieufes de l'oifeau, & emprunte à fon plumage les lignes qui fervent à la tracer.

La lettre *ophiomorphique* repréfente les circonvolutions du ferpent, dans lequel l'antiquité voyait un fymbole de l'immortalité.

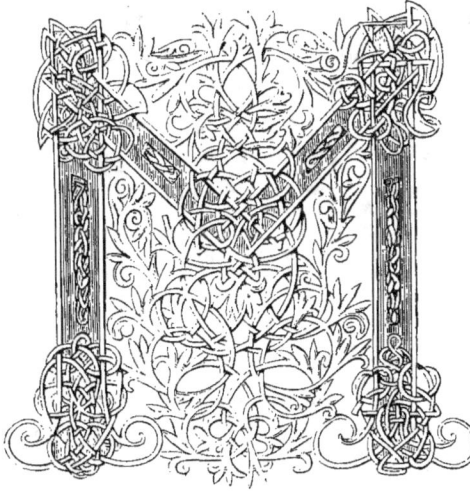

AIS celles qui font les plus élégantes, grâce aux enlacements des feuillages & des fleurs, prendront le nom d'*anthophylloéides ;* elles fe retrouvent fréquemment & fe font remarquer par la variété des formes, la vivacité exquife des couleurs & le charme qui s'attache toujours aux réminifcences du règne végétal.

De même que la peinture indique fon âge à des regards exercés, par un ftyle qu'on ne faurait méconnaître, de même l'art du calligraphe découvre à fes adeptes certains myftères qui, férieufement étudiés, marquent le génie des temps : l'écriture a fes transformations auffi bien que l'architecture.

Elle a fes âges d'auftère magnificence, de gravité toute religieufe, d'élégance un peu futile, de fplendeur capricieufe ; puis elle fe pare des ftyles divers en honneur à toutes les époques, & elle retourne vers le paffé. Ecoutons un ingénieux écrivain qui a fu mieux que tout autre caractérifer ces diverfes évolutions. C'eft M. Vitet qui parle :

« Tout eſt ſi homogène & ſi conſéquent dans le moyen-âge, que chaque ſiècle a non-ſeulement ſon architecture & tous ſes autres arts, mais auſſi ſon genre d'écriture, &, ce qu'il y a de plus ſingulier, c'eſt que l'écriture de chaque ſiècle reproduit & réfléchit, pour ainſi dire, les caractères généraux de l'architecture & des arts dont elle eſt contemporaine. Il exiſte une harmonie merveilleuſe entre les monuments de pierre & les monuments de parchemin, entre le travail de l'architecte, du ſculpteur, du ciſeleur & celui du calligraphe.

« Ainſi, depuis le ve ſiècle, environ, juſqu'à Charlemagne, l'écriture ſe compoſe preſque entièrement de grandes lettres, dites capitales, dans le genre des majuſcules qui figurent ſur les titres de nos livres imprimés ; terminées carrément par le haut, ſolides, ſimples & ſévères, les lettres plus petites, quand on les emploie, participent de ces mêmes caractères, & certes, on peut le dire ſans un vain jeu d'eſprit, il y a dans l'aſpect général de cette écriture, je ne ſais quoi de la phyſionomie des monuments romains ; on y retrouve, en quelque ſorte, le reſpect de l'architrave & des vieux débris des ordres antiques. Sous le règne de Charlemagne, l'architecture orientale commence à ſe ſubſtituer peu à peu au ſtyle romain dégénéré, juſqu'à ce qu'enfin au xie ſiècle, elle ſoit définitivement naturaliſée dans l'Occident. Or, l'écriture pendant toute cette période, ſe modifie de ſon côté ; les grandes lettres carrées & monumentales diſparaiſſent peu à peu, ou du moins prennent un caractère plus capricieux ; on trouve dans l'écriture une certaine rondeur élégante, comme dans les arcades & les voûtes.

« Au xiie ſiècle, l'écriture auſſi bien que les monuments, eſt encore à plein cintre, mais, de même que les pleins cintres commencent à ſe couvrir d'ornements, à ſe fleurir, comme on dit, les lettres, tout en reſtant arrondies, prennent une phyſionomie moins régulière : les jambages, au lieu d'être droits, reſſemblent à des colonnes torſes ; les lettres ſe ſurchargent d'ornements, de *fioritures ;* à meſure que le ſiècle avance vers ſa fin, ces fioritures deviennent peu à peu légèrement anguleuſes ; enfin, vers le xiiie ſiècle, le règne de l'ogive commence &, ſur-le-champ, l'écriture devient aiguë. Vous ne trouvez plus alors une ſeule lettre arrondie, plus un ſeul trait de plume qui ne ſe termine en pointe. Cette écriture, dite gothique, comme l'architecture de l'époque, s'eſt conſervée dans les imprimeries d'Allemagne, preſque ſans altération, & la plupart des livres s'y impriment encore en caractères

de cette forte. Au xive siècle, l'écriture gothique devient un peu moins
févère, mais fa décadence, comme celle de l'architecture, eft encore
à peine fenfible. Au xve fiècle, au contraire, l'anarchie triomphe ou-
vertement; toutes les lettres ont des queues lourdes & contournées,
elles font à la fois aiguës & écrafées, raffinées & difgracieufes : reflet
exact de l'architecture alors à la mode. Enfin au xvie fiècle, l'écriture
eft indéchiffrable, mais il fe prépare, à la cour & chez les grands,
une forte de renaiffance dans le genre de celle des arts, c'eft-à-dire
italienne & tant foit peu bâtarde. Je parle des premiers effais de cette
grande écriture, qui finit par devenir fi majeftueufe fous le règne de
Louis XIV, écriture toute monarchique & qui, dégénérant peu à peu,
eft morte avec l'ancien régime.

« Ces obfervations peuvent paraître minutieufes & fubtiles, mais
elles font exactes, & l'étude des manufcrits donne lieu à bien d'autres
rapprochements non moins finguliers. Il va fans dire que les vignettes,
les têtes de chapitres, les encadrements, les lettres initiales deffinées
& coloriées de mille façons différentes, & enfin les cachets & les
fceaux collés ou fufpendus aux chartes & aux diplômes font des fources
d'inductions, de recherches, d'études non moins riches, non moins
précieufes. » (Voyez le *Rapport à M. le Miniftre de l'Intérieur, fur
les monuments, les bibliothèques, les archives & les mufées des départe-
ments de l'Oife, de l'Aifne, de la Marne, du Nord & du Pas-de-
Calais, &c., &c.*)

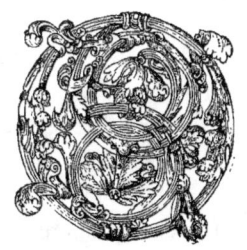

§ IX.

DES ORNEMENTS ET DE LA POSSIBILITE D'EN TIRER
DES INDUCTIONS POUR RECONNAITRE L'AGE DES MANUSCRITS.

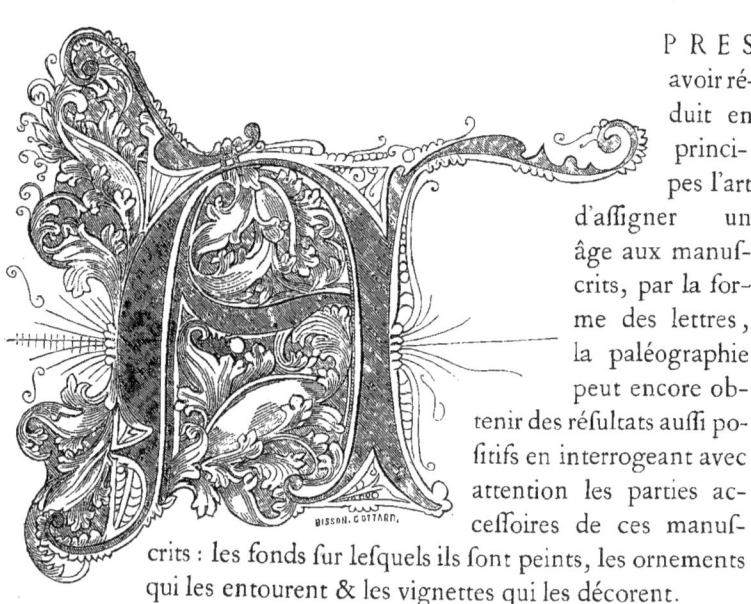

PRES avoir ré-
duit en princi-
pes l'art d'aſſigner un
âge aux manuſ-
crits, par la for-
me des lettres,
la paléographie
peut encore ob-
tenir des réſultats auſſi po-
ſitifs en interrogeant avec
attention les parties ac-
ceſſoires de ces manuſ-
crits : les fonds ſur leſquels ils ſont peints, les ornements
qui les entourent & les vignettes qui les décorent.

On a écrit ſur ce ſujet, au xviiie ſiècle, un ouvrage qui avait la prétention d'être utile, mais on avait à cette époque des idées trop peu
préciſes ſur les écoles qui ſe ſont ſuccédé parmi les illuminateurs & les
miniaturiſtes des xiiie, xive & xve ſiècles, pour parvenir au but qu'on
ſe propoſait ; il ſuffit de jeter un rapide coup-d'œil ſur les planches
gravées par l'abbé Rive, pour ſe convaincre de l'inexactitude des renſeignements qu'on poſſédait alors ſur l'art du moyen-âge.

Nul aujourd'hui ne ſe méprend ſur le ſtyle byzantin & ſur les variétés qu'il affecte dans les divers pays de l'Europe où il est en honneur, depuis le vɪᵉ siècle jusqu'au xɪɪᵉ. Il prodigue l'or surtout au vɪɪɪᵉ, en se prolongeant jusqu'à la fin de la période carlovingienne, & les merveilles de la chrysographie se distinguent par une foule de particularités dont on trouvera la théorie dans le *Nouveau traité de Diplomatique* des Bénédictins, tandis que les splendides ouvrages des Bastard, des Schaw & des Sylvestre, auxquels on peut ajouter les pages de notre *Imitation de Jésus-Christ*, en feront passer chronologiquement sous les yeux du public de brillants spécimens.

Le P. Cahier a dit avec beaucoup de justesse d'expression, en caractérisant la première période de l'ornementation parmi nous : « Les enlumineurs franco-germains & britanniques du ɪxᵉ siècle empruntent presque toujours leurs ornements architectoniques au style roman... Ils affectionnent singulièrement les animaux fantastiques composés de parties hétérogènes & s'enlaçant comme par manière de jeu ou de combat, surtout dans les bases & les chapiteaux des colonnes... Une espèce de vignette courante sert d'encadrement assez ordinaire au texte. La surface est souvent glacée par une sorte de vernis. »

Vers la fin du siècle suivant, si l'or est moins prodigué dans les majestueux ornements des majuscules, il brille avec éclat dans les fonds, & c'est par là, surtout, que se révèle l'influence byzantine.

Struve est l'un des premiers qui ait signalé, pour cette époque, l'emploi de lamelles d'or extrêmement ténues que l'on fixait avec beaucoup d'adresse au moyen d'une eau gommeuse sur le parchemin, & qui recevaient souvent par le polissoir l'éclat de l'or bruni. Les calligraphes de la Perse ont enchéri encore sur cette méthode coûteuse d'embellir les manuscrits. Nous avons vu de petites émeraudes & des moitiés de perles, fixées sur le parchemin & mêlant harmonieusement leur éclat à celui de l'or & du vermillon.

Durant le xɪɪᵉ siècle, les fonds d'or sont souvent guillochés & présentent à l'œil de petits disques, des points ornés, des espèces d'astérisques, une sorte de gauffrure, qui ne peuvent guère être obtenus que sur une épaisseur assez solide de la surface métallique.

Au xɪɪɪᵉ siècle, les ors brunis des fonds sont encore très éclatants ; on en a la preuve dans le Bréviaire de saint Louis, conservé au Musée des Souverains, & dans une *Apocalypse* latine de la Bibliothèque impériale. Les petits disques sont abandonnés pour faire place plus fréquemment à de légers arabefques, tracés finement au burin : le magnifique manufcrit de l'*Abbaye intérieure* en fait foi.

Comme on l'a dit avec beaucoup de raifon, de 1150 à 1250, « il fe fait tout d'un coup une forte de révolution puiffante : l'imagination s'éveille avec un élan paffionné, » & l'ornementation pure fe reffent de ce mouvement qui vient de fe manifefter. « Plus capables de vérité, a-t-on dit encore, les *imagiers* abandonnent les fantaifies bizarres, &, au XIIIe fiècle, les ornements empruntés au règne végétal commencent à prendre de la prépondérance. » (Voyez les *Annales de Philofophie chrétienne*.)

Le payfage proprement dit n'eft pas encore employé dans les fonds, comme cela aura bientôt lieu ; les arbres, lorfqu'on les introduit, font encore d'une forme conventionnelle ; l'or, alternant avec des couleurs diverfes, difpofées en petits carreaux réguliers, forme une forte d'échiquier affez uniforme dans fa difpofition quoique varié dans fes détails, fur lequel fe détachent les figures des miniatures, & dont on retrouve l'emploi un peu au-delà du XIVe fiècle. Il eft bon de rappeler que la lettre initiale introduite dans le manufcrit, avait à l'origine la forme carrée. Plus tard, comme une plante élégante, elle a projeté fes rameaux, elle s'eft développée dans la partie fupérieure, elle a fleuri enfuite par en bas, pour en arriver à enferrer la page entière & compléter l'encadrement.

Mais, les vignettes (*viticolæ*) qui courent le long des marges & dont la variété fe pare de mille détails inconnus précédemment, les capricieux arabefques, dont le règne a duré plus de quatre cents ans, fans perdre de leur charme, empruntent une partie de leur grâce à la réalité. Les animaux fantaftiques apparaiffent plus rarement, & le grotefque, quand il eft employé dans l'ornementation, eft faifi fur la nature ellemême. L'introduction de certains animaux, que le commerce avec l'Orient amène plus fouvent dans nos contrées, où ils produifent toujours la furprife en excitant l'hilarité, crée un mot nouveau dans le langage des *imagiers;* parmi les fleurs de nos champs & les pampres de nos vergers, fe joue bientôt le finge africain : orner les marges d'un livre, c'eft dès lors le *babouiner*, & l'habitude de multiplier, vers la fin du fiècle, cet ornement zoologique, conftitue une forte de manie, dont les moraliftes du temps ne manquent pas de déplorer la coûteufe prodigalité. (Voyez page 353.)

Un fait bien remarquable, c'eſt que lorſque l'étude de l'hiſtoire naturelle n'exiſte pas encore, lorſque les Belon, les Aldrovande, les Geſſner n'ont pas encore fait entendre leurs enſeignements, la botanique & la zoologie ingénues, qu'on nous paſſe le terme, ſont ſur les marges des beaux manuſcrits. Le réaliſme de certains artiſtes fait retrouver la vérité, lorſqu'on ne la ſoupçonne pas encore dans les gros livres, ou lorſqu'on n'y atteint que bien faiblement. Cette obſervation s'applique ſurtout au xve & au xvie ſiècle, & nous la faiſons ici pour n'y plus revenir.

Elle n'a pas échappé, du reſte, aux maîtres vénérables de la ſcience; les Bénédictins ont dit : « C'eſt au xvie ſiècle qu'on commence un « peu à ſe réconcilier avec la belle nature. On en découvre même « quelques faibles préludes dès le xive. Ces filigranes & ces échap « pements de lettres hiſtoriées donnèrent lieu à des vignettes, à des « rinceaux, où l'on vit naître des fleurs & des fruits ; les enlumineurs « s'exercèrent d'abord beaucoup ſur les fraiſes, & c'eſt peut-être en « quoi ils réuſſirent le mieux ! »

Nous abandonnons ici les doctes auteurs du *Nouveau traité de Diplomatique*, nous n'admettons nullement leurs reſtrictions, & lorſqu'il s'agit de fleurs *naïvement dépinctes*, de beaux *fruicts ſavoureuſement vermillonnés*, nous ne penſons pas comme eux que dans les Heures & dans les Miſſels « la nature ne fût pas encore tout à fait copiée. » Le plus grand naturaliſte, à notre avis, du xve ſiècle, c'eſt Poyet, que Anne de Bretagne avait choiſi pour peindre ſur les marges de ſes Heures, les plus aimables productions de nos contrées, celles qui ont inſpiré à Dubartas tant de délicieuſes peintures dans les *Sept jours de la Création*.

Il n'eſt pas un humble brin d'herbe, pas une plante délicate, pas une fleur majeſtueuſe, qui n'ait fourni aux peintres imagiers de la France & de l'Allemagne les plus doux ſymboles des vertus religieuſes ou ſimplement des qualités morales. A partir du xiie ſiècle, la branche de lis eſt l'emblème de la chaſteté, &, comme l'ont fait très bien obſerver les Bénédictins, « les fleurs (d'eſpèces diverſes), les roſes, les « lis, dans la main des évêques, des abbés & des dames, expriment « l'intégrité des mœurs. Rien de plus ordinaire que ces ſymboles dans « les ſceaux des égliſes & des anciens monaſtères, pour ſignifier leur

« état floriſſant & le ſoin que l'on y prenait de répandre partout la
« bonne odeur de Jéſus-Chriſt. »

Le ſymboliſme très varié qui ſe rattache aux animaux, celui qui nous
fait connaître les qualités occultes, émanant des pierres précieuſes, ont
été l'objet tout ſpécial des recherches d'une dame archéologue. Pour
bien comprendre les ornements du monde végétal, ſemés avec tant de
profuſion par la main du calligraphe, il faudrait qu'un ſavant botaniſte
ſe vouât à ce genre de travail tout nouveau, & fît pour les plantes ce
que Madame Félicie d'Ayzac a tenté avec ſuccès pour les deux autres
règnes de la nature. (Voyez notre *Bibliographie.*) Mais nous nous
contentons d'indiquer en paſſant ce ſujet fécond, & nous reprenons
notre examen des productions de l'art en ſuivant le cours des temps.

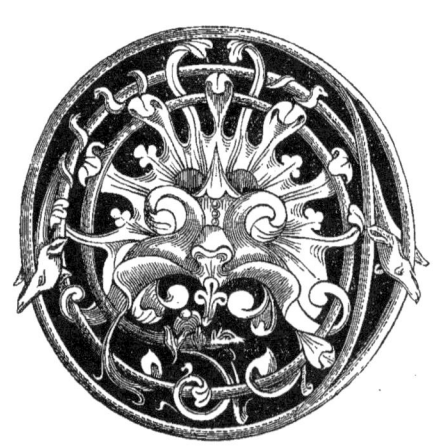

§ X.

RENOVATION DANS L'ART AU XI° SIECLE. — ECOLE BYZANTINE
FONDEE EN SICILE. — SON INFLUENCE. — ŒUVRES CALLIGRAPHI-
QUES IMPORTANTES REMONTANT A CETTE EPOQUE.

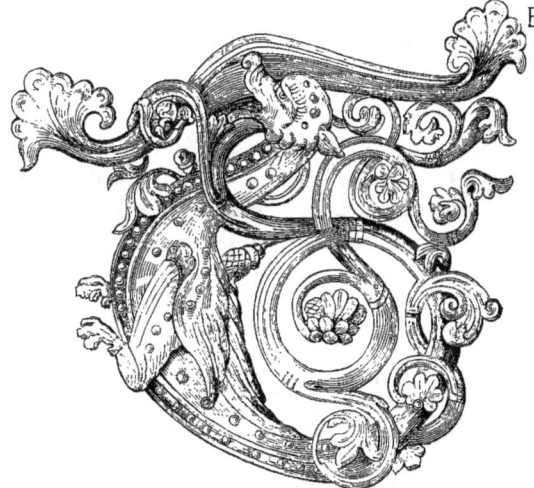

ERME fatal & re-
douté, l'an mille était
arrivé, le jour terri-
ble avait paſſé com-
me tant d'autres
jours, l'eſpérance re-
naiſſait au cœur des
populations, & avec
elle l'activité dans la
culture des arts ſe ré-
veillait. Quelle que
ſoit l'opinion que l'on
puiſſe avoir aujour-
d'hui ſur les terreurs
imaginaires qui aſſombrirent la fin d'un ſiècle, quel que ſoit le dédain
montré maintenant par pluſieurs hiſtoriens, pour un fait qu'on va
juſqu'à reléguer parmi les légendes, d'inconteſtables changements
eurent lieu dans le mouvement artiſtique qui ſignala les premières années
du XIe ſiècle. Le ſtyle dans les œuvres fut à peu près le même, mais ce
fut, pour ainſi dire, à l'infini que les œuvres ſe multiplièrent.

Les anciennes baſiliques avaient été abattues ; on conſtruiſit de nombreuſes égliſes & de nouveaux monaſtères : c'eſt de la fin du ſiècle que
date Cluny, cette abbaye renommée où l'œuvre patiente du calligraphe eut des adeptes ſi paſſionnés.

Ce qui avait lieu alors en France, ſe paſſait dans le reſte de l'Europe,

& surtout dans la région méridionale. Les peintres & les ornementistes étaient conviés à d'innombrables travaux. Pour nous servir des paroles d'un naïf écrivain, il semblait que partout on eût besoin de nouvelles parures pour le monde qui rajeunissait.

Ainsi qu'elle l'avait fait en tant d'autres circonstances, l'Italie tourna les yeux vers la Grèce, & la Grèce lui envoya, dans les premières années du XIe siècle, ces artistes byzantins qui ornèrent St-Paul hors des murs & qui constituèrent une école dont on retrouve partout les œuvres.

Vers le même temps, Paris voyait poindre dans son Université cet esprit de libre examen qu'Abailard allait propager, & qui, si puissant en théologie, devait servir d'une façon si efficace le développement des arts : partout on réclamait une complète indépendance pour les œuvres de l'intelligence.

Plusieurs peintres français obtinrent alors une réelle renommée. C'était un Herber, moine de Reims, qu'à sa mort les populations désolées accompagnaient en foule au tombeau pour lui rendre des honneurs inusités ; un Bernard, qui orna de ses fresques le dôme de l'église de Lobbe, & qui reçut pour son œuvre de magnifiques récompenses ; un Thiénon, qui unissait à l'amour des lettres la culture des arts, & qui plus tard fut appelé à occuper le siége épiscopal de Saltzbourg.

Les peintres illuminateurs étaient encore plus nombreux que ces hommes éminents qui cultivaient toutes les branches de l'art. Sans doute la chrysographie, qui avait étalé ses brillantes merveilles trois siècles auparavant, remplaçait alors par le vermillon & par l'azur les belles majuscules dorées, si fréquentes, employées jusqu'au xe siècle ; mais les miniatures proprement dites commençaient à offrir bien plus de variétés. Les personnages les plus éminents dans la hiérarchie ecclésiastique ne dédaignaient pas le titre d'illuminateurs.

Sigon, abbé de St-Florent de Saumur, consacrait toutes ses heures de loisir à l'ornementation des livres ; Heldric, abbé de St-Germain d'Auxerre, ne montrait pas moins de zèle & de talent comme calligraphe ; Foulques, que l'on appelle aussi Foulcuin, remplissait l'abbaye de St-Hubert de ses œuvres, & passait alors pour le plus habile miniaturiste du Brabant.

L'art en Angleterre n'avait encore rien perdu de sa splendeur qui allait tout-à-coup s'éteindre. Un homme qui brille au premier rang parmi les théologiens, le repréfentait : c'était Lanfranc qui, né à Pavie en 1005, traverfa prefque tout le fiècle & mourut archevêque de Cantorbéry en 1089. Plus tard, faint Anfelme l'imitait, & ces hommes éminents fe voyaient fecondés dans leur amour tout religieux pour l'art, par un moine français que les chroniques nomment Ernulfe.

Saint Anfelme & Lanfranc purent faluer encore du regard un grand peintre candiote, qui ne dédaigna pas l'art des livres & qui, à la fin du xɪᵉ fiècle, vint s'établir à Florence : Andréas Rico de Candia a laiffé fon nom à quelques œuvres admirables.

Si nous pénétrions dans les couvents de la Suiffe & de l'Allemagne, bien d'autres noms, pour ainfi dire inconnus, devraient être évoqués. Les monaftères de Fulde, de St-Gall, de Hirfchnau, rappelaient le mouvement qui avait régné trois fiècles auparavant dans l'Univerfité naiffante de Charlemagne. Sintramn ou Sintrame continuait, par la perfection de fes œuvres, à être le défefpoir des calligraphes de fon temps ; Nootker contribuait auffi à leur fervir de modèle.

Par ordre des évéques, l'art du peintre illuminateur était religieufement enfeigné dans les grands monaftères cités plus haut & dans les couvents d'un ordre inférieur.

Si Bernard de Hildesheim, par exemple, que l'on a honoré du titre de Saint, exécutait de fa main habile des mofaïques, & fe faifait accompagner, dans les nombreufes miffions politiques qu'on lui confiait, par de jeunes religieux, voués à la reproduction des livres, c'était pour méler à la culture de l'art grandiofe, celle d'un art plus délicat. Il paffait pour un des derniers chryfographes, héritiers des grandes traditions. Godefcard, qui ne tarda pas à lui fuccéder fur le fiége épifcopal, fondait dans fon palais une école de peinture & de calligraphie. Meinwert, évêque de Paderborn, créait bientôt un centre pareil d'enfeignement, où l'art de l'*antiquarius* prédominait fans doute, mais où il exigeait que fes difciples s'initiaffent aux beautés de la poéfie antique.

Nous nommerons encore le faxon Enfrith, Helfwulf, l'artifte paffionné, & nous ferons obfervèr que, bien différents des fcribes des xɪvᵉ & xvᵉ fiècles, qui outragent fréquemment le fens des livres par la légèreté de leur tranfcription, ceux-ci mettent en général une religieufe confcience à s'initier aux textes facrés.

U nombre des autres promoteurs du mouvement de réno-
vation, nous citerons Burchard, évêque de Halberſtadt;
Othon, qui occupait le ſiége de Bamberg; ſaint Wolphelm,
abbé de Brunweiler. Les calligraphes en titre de ce ſiècle,
dont les œuvres étaient recherchées en Allemagne, ſont
bien connus : c'étaient, pour la plupart, des moines qui
latiniſaient leur nom, tels que Hilpius & Modeſtus. Un religieux de
St-Emmeramm, Othlon, était calligraphe de profeſſion avant d'em-
braſſer la vie religieuſe; Wiking n'était pas moins habile, & l'on croit
que le beau manuſcrit de la Bibliothèque impériale (Supp. lat. n° 641)
fut exécuté par lui. Jean, le chanoine de Quedlembourg, exécutait un
Plenarium, livre magnifique, que l'empereur offrait à ſon égliſe. Une
femme ſe diſtinguait encore parmi ces artiſtes dont les noms pourraient être multipliés à l'infini, c'eſt la religieuſe Diemulde.

Mais lorſque l'on veut prendre une idée exacte de l'eſprit dont ſe
ſentaient animés ces artiſtes pleins de ferveur, ce ſont les chroniqueurs
qui les ont vus à l'œuvre, que l'on doit interroger. Il en eſt un dont les
récits embraſſent la fin du XIe ſiècle & la première moitié du XIIe, c'eſt
Orderic Vital. Pénétrons avec lui dans l'abbaye d'Ouche; voyons-le
dans une ſainte admiration lorſqu'il a à dépeindre l'abbé Théodoric,
dont les travaux monaſtiques ont ſi bien édifié ſon époque. Ce n'eſt
pas pour lui ſeul qu'il réſerve l'éloge; il manquerait quelque choſe à
ſon tableau, s'il ne pouvait ſignaler les ſcribes diligents dont le zèle
infatigable reproduiſait tant de précieux écrits; auſſi ſe plaît-il à les
nommer. « Ce ſont Bérenger, qui depuis devint évêque de Venoſa,
Goſcelin & Radulphe, Bernard, Turquetit, Richard & pluſieurs autres,
qui remplirent les bibliothèques de St-Evroul des Traités de Jérôme
& d'Auguſtin, d'Ambroiſe & d'Iſidore, d'Euſèbe, d'Oroſe & de divers
docteurs; leurs bons exemples auſſi encouragèrent les jeunes gens à
les imiter dans un pareil travail. » L'homme de Dieu, comme Vital
appelait Théodoric, répétait ſans relâche à ſes moines : Ecrivez ! une
lettre tracée dans ce monde vous ſauve un péché dans le ciel... « En
d'autres abbayes, on avait fait une prière pour glorifier & ſanctifier le
travail des copiſtes; on la diſait à l'œuvre, comme le Bénédicité avant
de commencer le repas. » (Voyez *Ecrivains enlumineurs*, dans le *Livre
d'or des Métiers.*)

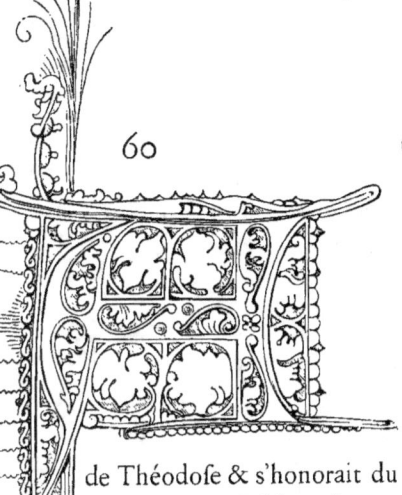

Conftantinople, comme dans l'Occident, une école active n'avait pas ceffé de fe livrer à l'ornementation des beaux livres, depuis la chute définitive des Iconoclaftes. Cet amour pour la calligraphie avait fait naître de nombreux chefs-d'œuvre. Vers la fin du xıe fiècle, un empereur de Byzance marchait fur les traces de Théodofe & s'honorait du titre de protecteur des arts : les œuvres de faint Chryfoftôme furent décorées avec toute la fplendeur imaginable, pour Nicéphore le Botoniate, entre les années 1078 & 1081.

Il eft certain, toutefois, que la décadence fe manifeftait dès cette époque dans l'art byzantin. Auffi n'eft-ce pas aux artiftes de Conftantinople que l'on a emprunté, pour l'*Imitation*, les fpécimens deftinés à faire connaître le goût des artiftes du xıe fiècle. Ainfi que cela eft arrivé pour des temps bien poftérieurs, la France a répondu à de nombreufes inveftigations, & elle nous a fourni des modèles, ou charmants de grâce, ou empreints d'une réelle originalité.

Nous avons ouvert un Commentaire fur l'Apocalypfe écrit dans l'abbaye de St-Sever en Gafcogne, au temps de l'abbé de Montamer (page xiv de la table des matières), c'eft-à-dire au début du fiècle, & les deux qualités que nous fignalions plus haut fe font rencontrées.

Mais il eft bon de le remarquer cependant, ce beau livre, contemporain du Cid, & qui appartient à la Bibliothèque impériale de Paris, repréfente furtout l'art des provinces méridionales fi protégé, cinq fiècles auparavant, par faint Ferréol, dont la règle avait été écrite pour les couvents du midi de la France.

Orné de nombreufes peintures par un artifte nommé Garcia, ce livre eft à coup fûr un des monuments les plus précieux à confulter, lorfqu'on veut fe faire une idée de l'art tel qu'il était pratiqué dans l'Aquitaine & dans celles des provinces de l'Efpagne où la religion chrétienne n'avait pas ceffé de dominer. Le nom du peintre calligraphe auquel il eft dû fait fonger involontairement à cet élève du fameux Vigila, qui eft déjà connu dans le fiècle précédent, & qui commence une école dont les monuments apparaiffent de temps à autre dans certaines régions pour ainfi dire oubliées de la Péninfule.

Le livre du moine aquitain parle à la fois pour la France & pour l'Espagne, en dépit de l'œuvre purement symbolique qu'il reproduit ; c'est un vrai monument qui, grâce à ses soixante-quinze grandes peintures, peut servir aux artistes, aux archéologues & aux historiens.

Nulle œuvre de ce temps, mieux que celle-ci, ne sert à apprécier le caractère des luttes victorieuses où triomphe la civilisation chrétienne. Ici, des hommes pleins de foi, réfugiés dans la montagne, l'emportent par l'art sur les peuples musulmans. L'*Apocalypse* de l'abbaye de St-Sever proclame, pour ainsi dire, en présence des Maures une puissance qui les abattra. (Voyez page 400.)

Un beau volume contemporain de celui-ci a servi encore à orner les marges de l'*Imitation* des peintures toujours si rares qui remontent à l'époque du roi Robert : c'est le magnifique Missel que l'on conserva jusqu'à la fin du XVIIIe siècle, dans l'abbaye de St-Denis, & qui de là est passé à la Bibliothèque impériale (*Table*, page xiii) ; vient ensuite une page infiniment remarquable, tirée d'un autre Missel à l'usage de l'ancienne abbaye de St-Maur-les-Fossés, diocèse de Paris. (*Table*, page xii). Nous ajouterons que l'ornementation de deux de nos marges, qui offre le caractère le plus original, est due encore à l'art du midi de la France (pages 242 & 243), & il semble impossible ici de ne pas reconnaître une certaine parenté entre le style des Evangiles du mont Majour d'Arles & l'œuvre de Garcia, qui continue cette école féconde de l'Aquitaine, dont certainement Vigila est le chef.

Au Xe siècle, l'art, tel qu'on le pratique dans les grands monastères de l'Angleterre, est encore dans toute sa splendeur : le beau Bénédictionnaire anglo-saxon d'AEthelgar (*Table*, *Titre* & pages i & viii) que nos voisins d'outre-mer envient tant à la Bibliothèque publique de Rouen, en offre la preuve. M. Champollion a fait remarquer avec raison qu'on trouve à la fin d'un Missel de la même époque, une formule d'excommunication contre quiconque se rendra coupable de l'enlèvement de ces livres sacrés. (Voyez la *Paléographie universelle*.)

On peut citer, en passant, la belle Bible du cardinal Mazarin, qui existe aujourd'hui à la Bibliothèque impériale (n° 7, f. latin) ; puis pour l'Italie, & comme contrastant peut-être, par sa barbarie, avec ce magnifique spécimen, le Code des lois lombardes (*Codex legum longobardorum*), où l'on voit un portrait grossier du prince Arechis, tentative

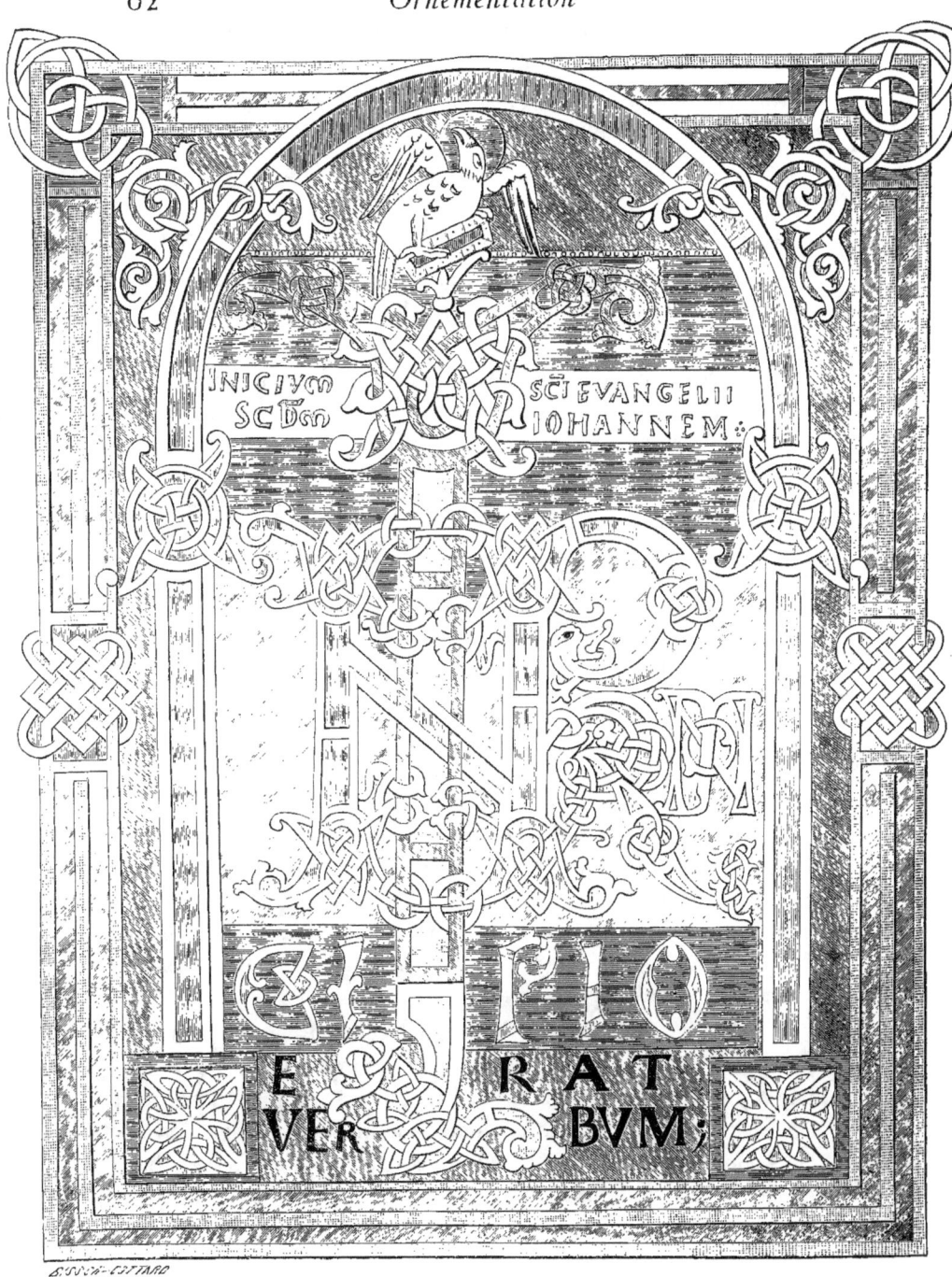

INICIVM SCĪ EVANGELII
SCĪ ĪĪ   IOHANNEM

ERAT
VER BVM;

peu heureufe d'iconographie, fans doute, mais qui prouve, tout au moins, une nouvelle afpiration de l'art, que bientôt on réalifera.

Nous ne devons pas oublier enfin la magnifique Bible, n° 1300, fonds de Sorbonne, Bibliothèque impériale, du xe fiècle, dont nous reproduifons la page qui commence l'Evangile de faint Jean. Elle vient comme fpécimen de ce que nous difons des lettres enchevêtrées.

Le xie fiècle a produit encore un ouvrage confidérable : c'eft cet *Exultet* que l'on conferve à Rome dans la Bibliothèque Barberini. Ce chant de la bénédiction du cierge pafcal a été reproduit par d'Agincourt, avec les nombreufes peintures dont il eft orné.

Rien à cette époque, parmi les livres qui jouiffent d'une réputation hiftorique, ne peut fe comparer au bel Evangéliaire que donna jadis la comteffe Mathilde à St-Benoît de Mantoue, & que poffède aujourd'hui la Vaticane. Lanzi ne peut louer fuffifamment, à fon gré, cette férie de précieufes miniatures qui repréfentent la vie de la fainte Vierge.

Parvenus à une époque où le ftyle byzantin va fubir de notables modifications, nous n'héfitons pas à reproduire ici quelques paroles précifes, par lefquelles un homme de goût a fu caractérifer la dégradation que l'art antique fubit à partir des temps de Charlemagne, & qui fe prolongea certainement jufqu'au xie fiècle. « L'influence de cet art fur celui de France, dit M. de Héris, ne faurait fe méconnaître. Le caractère des têtes, la maigreur des plis des draperies, l'emploi exagéré du cinabre & du bleu pur, l'application des hachures dorées aux étoffes, & le ton vert des ombres dans les carnations la trahiffent à l'œil le moins exercé. Mais en même temps, on voit à l'élément byzantin s'allier un élément barbare qui fe manifefte par la difproportion des membres du corps, par l'ampleur des têtes, par l'énormité des pieds & des mains dont les doigts allongés fe retournent en dehors, enfin par la rudeffe de l'exécution.

« Pendant que les artiftes de Byzance s'engageaient dans la voie dont ils ne devaient plus fortir, les artiftes francs reftaient, à un certain degré, fidèles aux traditions de l'antiquité. Au commencement du ixe fiècle, on les voit encore s'efforcer de maintenir dans l'efprit de leurs conceptions quelques réminifcences de l'art chrétien de la belle époque ; mais dès le milieu du même fiècle, on remarque que leurs

manufcrits prennent généralement un cara¢tère plus barbare, bien
que dans certaines parties ils confervent encore quelques traces du
goût traditionnel. Auffi on y voit parfois apparaître des perfonnifica-
tions antiques, comme, par exemple, dans les repréfentations du Cal-
vaire, le foleil & la lune fous la forme d'Apollon & de Diane. Enfin,
les coftumes des perfonnages bibliques rappellent religieufement l'ancien coftume romain. Mais durant la feconde moitié du IXᵉ fiècle, les
proportions des figures deviennent régulièrement trop longues ; les
formes plus épaiffes & plus lourdes, les nus plus groffiers, annon-
cent l'abfence de toute étude anatomique ; les plis parallèles & uni-
formes des Byzantins difparaiffent pour faire place à d'autres jeux des
draperies qui tantôt fe ballonnent, tantôt ondulent, tantôt forment des
coins dont les angles s'enchâffent les uns dans les autres. L'architecture ne préfente plus le cara¢tère purement antique ; elle eft romane
& polychrôme ; les fonds fe compofent de ftriures coloriées, & l'or
n'y eft plus guère employé que dans les nimbes ; enfin, fi dans les encadrements on voit encore fe préfenter quelques motifs antiques, tels
que l'acanthe, le griffon, le dragon de mer ailé, on y remarque une
quantité d'oifeaux de toute efpèce, & de fcènes fantaftiques ou gro-
tefques, des finges avec des nains, des boucs furieux qui échangent
des coups de cornes, & une multitude de figures fabuleufes de la famille de celles que la fantaifie anglo-faxonne avait déjà inaugurées
deux fiècles auparavant. » (Voyez *Mémoire en réponfe à la queftion
fuivante :* Quel eft le point de départ, & quel a été le cara¢tère de
l'école flamande de peinture, &c.? *Mém. couronné en* 1855.)

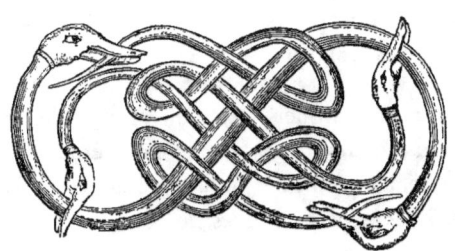

§ XI.

REVOLUTION DANS L'ART AU XII SIECLE. — ENSEIGNEMENT TECHNIQUE DE THEOPHILE. — UN MOT SUR LE MOINE ERACLIUS.

DES le début du XIIᵉ siècle, quand il y a déjà une poésie nationale en France, lorsqu'on va répéter dans les combats les chants guerriers de Turold, un changement radical tente de se manifester dans l'art comme dans la poésie ; l'art du calligraphe, néanmoins, est encore roman : il participe plus des magnificences du style que l'on vient de voir caractérisé, que des somptueuses variétés du style improprement appelé gothique, & qui tente, à la fin de cette période, une première manifestation.

Grâce à certains livres ornés, l'observateur peut suivre dans leur marche les progrès du style nouveau qui cherche à s'introduire. Voyez quelques-uns de ces manuscrits, qui remontent au début du règne de Louis-le-Gros. Il n'est pas surprenant, sans doute, que l'ogive s'y montre à côté du plein cintre, car l'ogive nous apparaît, avec toute son élégance, dans un admirable volume du IXᵉ siècle, faisant partie de la Bibliothèque impériale ; mais ils prouvent, par l'emploi plus répété de ce système architectonique & par la profusion de certains ornements, que la révolution s'opère.

On l'a déjà fait remarquer, l'examen attentif des manuscrits à miniatures est d'un secours inappréciable pour étudier d'une façon plus complète que cela n'a eu lieu jusqu'à présent, les transformations de l'architecture & les variétés infinies de l'ornementation appliquée aux monuments. Sous ce rapport, les livres si rares du XIIᵉ siècle renferment un genre d'enseignement qu'on peut aisément expliquer.

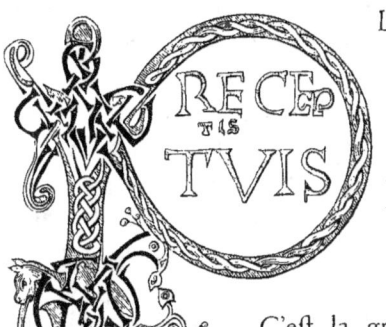

LUS variés, moins majeftueux, mais offrant auffi plus de délicateffe, ces ornements de tranfition, déjà fort différents de ceux employés précédemment dans la calligraphie, prouvent que l'art chrétien échappe aux préceptes du monde antique.

C'eft la grande époque, en effet, où fe conftitue la fociété nouvelle, fous l'impulfion d'abord févère de l'Eglife, & d'après la règle que vient de lui impofer un pape dont le génie organifateur repréfente tout le fiècle.

AIS cependant, la penfée de Grégoire VII ne tarde pas à s'adoucir dans l'art, comme elle s'adoucit dans les inftitutions. Peu à peu, elle fe revêt d'une magnificence, d'une grandeur, dans la compofition des ornements fymboliques, j'allais dire d'une majefté chrétienne qu'elle n'avait pas au même degré durant le fiècle précédent.

Voyez la plupart des manufcrits de cette époque, fe rapprochant des temps où va naître faint Louis, le bel Evangéliaire de Maneirius, par exemple, qui fort d'un *fcriptorium* de Cantorbéry, & que poffède la Bibliothèque Ste-Geneviève, ou mieux encore un fameux Pfautier latin, appartenant à la Bibliothèque impériale, & que l'on peut faire remonter pour l'exécution à la même date. Ces deux livres font magnifiques, le dernier furtout : il eft tout étincelant d'or ; il réflète l'école de Conftantinople, bien qu'il ait été exécuté dans l'Occident ; il dit un art qui eft encore dans les confins de deux arts ; il fait faifir admirablement le caractère indécis de la période à laquelle il appartient : c'eft bien là le temps où l'Orient n'a pas encore acquis toute fon influence fur l'Europe chrétienne ; c'eft le moment où, parmi les ornements les plus variés, vont s'épanouir des formes nouvelles. Voyez les pages 192 & 193, fournies par le grand Miffel du couvent de St-Blaife, que l'on admire à Karlfruhe ; arrêtez auffi vos yeux fur cette Bible de St-Martial de Limoges (pages 74, 75, 78, 79) : on le fent à l'éclat des couleurs, c'eſt dans la ville aux ſplendides émaux, que ce livre a été écrit ; mais, en conſervant l'empreinte de l'art roman, il ſe pare d'une élégance que ne ſoupçonnait pas le ſiècle précédent.

On s'eſt borné volontairement, pour cet âge de tranſition ; mais ce ne ſont ni les œuvres, ni même les noms de calligraphes célèbres qui manquent à l'hiſtoire de l'art. N'euſſions-nous à nommer que l'*Hortus Deliciarum*, ſorte d'encyclopédie pour laquelle le xiiᵉ ſiècle a épuiſé tout le luxe de la calligraphie, nous aurions déſigné un de ces monuments littéraires qui font l'admiration du ſiècle où ils ont paru, & en nommant ſon auteur, l'abbeſſe Herrade de Lampſberg, nous aurions ſignalé un des plus grands artiſtes de ce temps. (Voyez la *Bibliothèque de l'Ecole des Chartes*, & le P. Cahier, *Annales de Philoſophie chrétienne*.)

UAND nous aurons arrêté la pen-ſée du lecteur ſur cette docte ab-beſſe, qui ſuccédait après des ſiècles à une autre religieuſe habile dans la tranſcription des livres, la célèbre Re-linde, il nous reſtera à citer Roger, cal-ligraphe du temps de Louis-le-Gros, Andréa Rico, qui pourſuit ſes travaux juſqu'à cette période, Alimpius, peintre ſlave, qui commence la ſérie des artiſtes de la Ruſſie ; puis, nous ajouterons à cette liſte ſommaire, Dudon, à la fois cellérier & copiſte du monaſtère de Fulde, Oliverus, dont l'œuvre eſt conſer-vée à Douai, Savvalo, originaire probablement de Valenciennes, & enfin la célèbre abbeſſe de Quedlimbourg, Agnès, qui appartenait à la maiſon de Miſnie & que l'on met au rang des plus habiles chryſo-graphes dont l'Allemagne s'honore encore.

Dépoſitaire des plus minutieux ſecrets de l'art, elle écrivit en lettres d'or le beau *Plenarium* conſervé à la collégiale de l'antique cité qu'elle habitait. Vers le même temps, une autre religieuſe, Gudda, s'illuſtrait à Francfort ſur le Mein, en tranſcrivant un recueil d'homélies. La ſer-vante du Seigneur, comme on diſait alors, a tracé ſon portrait dans l'une des capitales, & l'a accompagné d'une deviſe qui dit l'humilité dont ſon cœur était rempli.

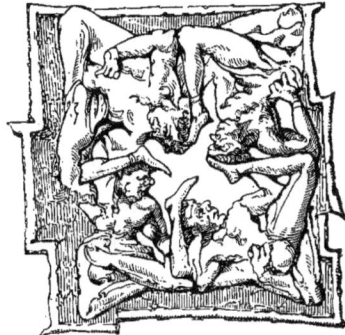

UTRE le fragment d'Horace que reproduit la *Paléographie univerfelle*, & l'Evangéliaire latin de la Bibliothèque de Vienne, qui accompagne dans le même ouvrage un Traité de faint Auguftin contre les Païens, on peut admirer quelques beaux fpécimens reflétant cette époque & reproduifant les peintures du monaftère de la Cava.

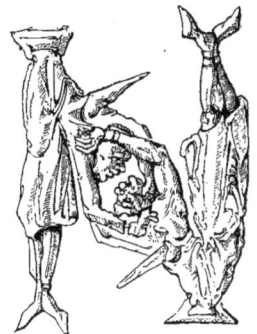

OUS trouvons encore, à la fin du fiècle, un recueil d'hymnes & d'homélies de ftyle lombard qu'on apprécie à la première vue; & la Bibliothèque Barberini à Rome possède un Pfautier d'une telle beauté d'exécution, qu'il a fourni au célèbre Rumhor, une differtation dans laquelle les maîtres de l'art reconnaiffent un efprit de critique fupérieur.

Le bel Evangéliaire de Maneirius que nous avons mentionné, mériterait auffi l'examen d'un maître, & il a été admiré par le doéteur Waagen.

Si riche en œuvres calligraphiques d'une époque de tranfition, la fin du XIIᵉ fiècle eft éclairée par un traité tout fpécial, qui roule uniquement fur la partie technique de l'art. Fréquemment cité par les hiftoriens, trop peu lu par les fimples curieux, le livre du moine Théophile n'eft jamais interrogé en vain par ceux qui veulent s'initier aux procédés matériels de la calligraphie & de la peinture. Ecrit par un religieux lombard, qui avait quitté l'Italie pour voyager & fe fixer dans le couvent de St-Gall, c'eft une véritable encyclopédie des arts au moyen-âge, due à un homme qui a interrogé toutes les nations. « Lis mon livre avec une mémoire fidèle, dit Théophile; embraffe-le avec un amour ardent…; tu trouveras là tout ce que poffède la Grèce fur les efpèces & les mélanges des diverfes couleurs; toute la fcience des Tofcans, fur les incruftations & fur la variété du *niello;* toutes les fortes d'ornements que l'Arabie emploie dans les ouvrages faits au moyen de la malléabilité, de la fufion & de la cifelure; tout l'art de la glorieufe Italie, dans l'application de l'or & de l'argent à la décoration des différentes efpèces de vafes, ou au travail des pierreries ou de l'ivoire ; ce que la France recherche dans l'agencement des précieux vitraux ; les ouvrages délicats d'or, d'argent, de cuivre, de fer, de bois & de pierre, qu'honore l'induftrieufe Germanie. Lorfque tu auras fouvent relu ces chofes, & que tu les auras bien gravées dans ta mémoire, toutes les fois que tu te feras utilement fervi de mon œuvre, en retour de mes préceptes, je ne te demande que d'adreffer pour moi une prière à la miféricorde du Dieu tout-puiffant. Il fait que je n'ai écrit mes obfervations, ni par l'amour d'une louange humaine, ni par le défir d'une récompenfe temporelle ; que je n'ai fouftrait rien de précieux ou de rare par une malignité jaloufe ; que je n'ai rien paffé fous filence, me le réfervant pour moi feul ; mais que, pour l'accroiffement de l'honneur & de la gloire de fon nom, j'ai voulu fubvenir aux befoins & aider aux progrès d'un grand nombre d'hommes. » (*Théophile, prêtre & moine. Effai fur divers arts,* publié par le comte Charles de l'Efcalopier.

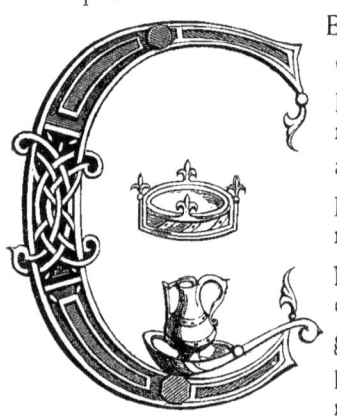

E livre eft donc, avec le petit poème d'Eraclius fur la même matière, le répertoire le plus complet & le plus curieux qui nous ait été légué par le moyen-âge, fur les procédés que le calligraphe pouvait mettre alors en ufage pour opérer fes brillantes merveilles ; c'eft là qu'on peut apprendre aujourd'hui ce que coûtait de foins un livre, comme le grand Miffel du couvent de St-Blaife, par exemple, ou bien encore la Bible magnifique de St-Martial de Limoges, & le fplendide volume de Conradin, fi admirablement révélé par M. de Baftard. C'eft dans ce traité qu'on faifit tous les fecrets traditionnels, que devait étudier le chryfographe pour arriver à cette netteté des écritures métalliques, à cette fplendeur des majufcules, enfin à cette variété infinie des couleurs dans l'ornementation, qui caufent encore maintenant notre furprife. D'ailleurs, fi ce n'eft pas au moine lombard lui-même qu'on doit ces préceptes fi utiles pour la pratique de l'art, c'eft un vieux copifte de fon œuvre qui nous les fournit : il nous enseigne comment le métal précieux doit être broyé, comment l'or & l'argent doivent être appliqués, sans laisser de tache sur les feuillets immaculés du vélin ; il démontre même l'art très secondaire de décorer les peintures moins importantes de certains livres, avec le cuivre ou bien avec l'étain ; si bien qu'il n'est guère de procédé technique que ce traité, d'abord mis à l'écart, ne fournisse.

UELQUE temps auparavant, selon certains critiques, cet Eraclius, que nous avons déjà nommé, & qu'il faut placer à un rang secondaire, avait écrit, en vers latins détestables, les préceptes de l'art, tels qu'ils étaient admis chez les très anciens calligraphes. Il dit d'une façon fort incorrecte, il est vrai, mais enfin il dit comment se fabriquaient certaines encres de couleur, & qu'elle est la préparation éclatante qu'emploient les chrysographes quand ils tracent leurs majuscules dorées. Tout en enseignant l'art de graver le verre & celui de le colorer, il fait connaître à l'illuminateur le moyen dont il doit faire usage pour conserver les plantes dont il aura à reproduire les formes élégantes sur le vélin. Malgré une brièveté qui les rend insuffisants & si incomplets, en dépit même de leur caractère bizarre, de tels ouvrages ne sauraient être trop préconisés. Regrettons seulement ce qu'il y a de trop rapide & surtout de trop restreint dans leurs enseignements ; ce ne sera que trois siècles plus tard, & lorsque le savant traité de Cennino-Cennini aura paru, qu'on sera à même de les compléter.

ILOSOPHES, naturalistes, technologues, comme on l'était alors, les encyclopédistes du moyen-âge nous ont dévoilé bien d'autres secrets, & il en est plusieurs qui regardent exclusivement les peintres calligraphes. Pour n'en fournir ici qu'un exemple, si dans les livres ornés du XIe & du XIIe siècle, on est frappé parfois de l'identité absolue qui existe entre certaines majuscules, dans des manuscrits de styles bien différents, le fait trouve immédiatement son explication dans la connaissance d'un procédé bien simple & qui aurait pu conduire ceux qui en faisaient usage, à de plus grands résultats. Durant l'époque signalée ici, on était dans l'habitude de découper ces grandes lettres dans des lames de laiton ou de cuivre, & la plume du calligraphe n'avait plus qu'à suivre les linéaments de ce patron. On sait aussi que l'éclat pour ainsi dire inaltérable, dont on voit briller quelques grandes lettres capitales, n'était pas dû toujours à la fluidité d'une certaine encre d'or, dont on n'a pu retrouver la préparation ; on l'obtenait simplement grâce à l'admirable poli des lames métalliques infiniment légères que l'on fixait sur le vélin & que l'on entourait ensuite de déliés colorés. Au bout de peu d'années, & quand l'art de la chrysographie ne fut plus pratiqué seulement dans les monastères, ce procédé, par trop coûteux pour les fortunes de particuliers, fut complètement abandonné. Selon Gottlieb Schwarz, l'emploi de ces lames d'or si adroitement découpées eût pu mettre ceux qui le pratiquaient sur les traces de l'imprimerie, mais la routine s'en servit sans réflexion, durant des siècles, & il avait déjà une origine bien ancienne, lorsqu'il fut abandonné. (Voyez *de Ornamentis librorum*.)

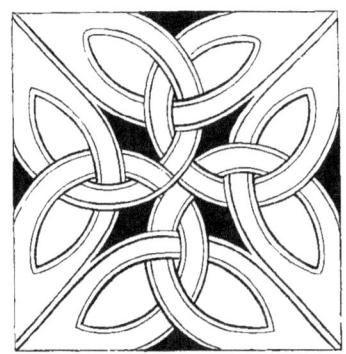

§ XII.

XIIIᵉ SIECLE. — CHANGEMENT SPONTANE DANS L'ARCHITECTURE
— GOETHE ET L'ECOLE BYZANTINE. — NOMBRE TOUJOURS CROIS-
SANT DES CALLIGRAPHES ILLUMINATEURS EN FRANCE. — VARIETE
DES OUVRAGES QU'ILS SONT APPELES A ORNER. — ILS CACHENT
LEUR NOM PAR HUMILITE. — REVOLUTION COMPLETE DANS LE
STYLE DES MINIATURES.

OMME de goût & ingénieux écrivain, M. Ch.
Magnin, dans fon excellente notice fur la ftatue
de la reine Nantechilde, s'exprime ainfi :

« N'eft-ce pas une chofe extraordinaire &
vraiment notable, que vers les premières années
du XIIIᵉ fiècle, dans tous les
pays de domination franque,
faxonne ou germaine, il y ait
eu, un peu plus tôt, un peu
plus tard, un jour & une heure
où toute pierre qui s'éleva du
fol prit une route nouvelle...
Plus de ces arcades cintrées,
lourdes ou légères, felon qu'elles étaient grecques ou romai-
nes, plus d'élégantes rotondes
octogones, plus de coupoles
orientales, plus de toits en terraffe : tout bâtiment qui
furgit de terre, fe termine invariablement en cône, en
flèche, en lancette ; toit & clocher, tout devient aigu,
effilé, pyramidal. Les portes, les croifées, les voûtes, fui-
vent ce mouvement afcenfionnel ; l'ogive enfin, qui a fur
le cercle l'avantage d'une variété indéfinie de combinai-

sons, a remplacé partout le plein cintre, & ce n'est pas là un accident, un hasard géométrique, c'est un goût général, instinctif, ressenti de tous, & qui règne trois cents ans sans réclamation ni partage. »

Nous ne suivrons pas ici l'habile critique dans les considérations morales & politiques par lesquelles il cherche à expliquer le changement radical qu'il signale ; nous constatons avec lui ce changement, parce qu'il exerce dès son début une influence sur toute espèce d'ornementation. Dès que le style à ogives prédomine, l'art byzantin disparaît.

Il avait fait son temps, & il était alors en décadence, même à Constantinople. Un grand poète a constaté son influence & caractérisé son action.

Gœthe est l'un des premiers, en ce temps, qui ait fait sentir, qui ait même démontré ce qu'il y avait de despotisme impérieux & d'exigence étroite dans l'école byzantine, lorsqu'elle avait transmis ses règles aux artistes de l'Occident ; mais, en même temps qu'il fait saisir avec une rare sagacité quelles furent les obligations fatalement imposées par elle aux artistes, il fait apprécier d'un mot le service qu'elle rendit :

« Si elle avait conservé, dit-il, les formes & les traits saillants des saints personnages avec un soin minutieux & pédantesque, dont on ne saurait trop déplorer le style uniforme, si l'art dégénéra trop souvent chez elle en métier, sous l'influence des évêques, heureusement elle avait adopté dès le principe une règle dont les anciens Grecs, & après eux les Romains, ne s'étaient jamais écartés : celle de la symétrie dans l'ordonnance. Avec le temps, comme le dit encore l'illustre écrivain, ce noble souvenir eut la plus grande & la plus heureuse influence sur les siècles moins barbares & mieux inspirés. » (W. Gœthe, *ueber Kunst, und alterthum unden Rhein*, &c.)

Au XIIIe siècle, l'indépendance de l'art était conquise, & l'art marchait vers de nouvelles destinées. Le Campo Santo de Pise déroulait ses pages immortelles ; nos livres magnifiques faisaient l'admiration du monde entier, & les riches abbayes où s'exécutaient ces minutieux chefs-d'œuvre, servaient de modèles au reste de l'Europe.

On peut facilement s'en convaincre, chez nous, la peinture n'est plus consacrée avec une ferveur exclusive à l'ornementation de certains livres religieux ; le temps des grands Evangéliaires semble être même complètement passé ; les Ménologes, les Obituaires, les Pontificaux, les

tre, que tout à l'heure nous venons de nommer ; mais fi l'Italie donne
à bon droit le prix en ce genre à Franco Bolognefe, la France produit
auffi à cette époque d'innombrables artiftes qui refteront à jamais
ignorés.

Fatal à ceux qui voudraient que l'on pût rendre un nom à tant de
chefs-d'œuvre, un ufage entretenu par l'efprit d'humilité exige qu'une
devife chrétienne, une fentence, fincère expanfion de la foi, remplace
la fignature du peintre calligraphe qui a voué fon temps à une œuvre,
mais que la fainteté de fon labeur a fuffifamment glorifié.

Quelques-uns de ces noms, cependant, nous font tranfmis comme
par hafard, & échappent à un complet oubli : tel eft celui de ce Mu-
feignols, qui, enfermé durant fept ans dans les combles du Châtelet,
tranfcrivit un Guillaume de Tyr ; tel eft également celui d'Arnuph de
Comphaing, qui femble avoir appartenu à l'un des plus habiles calligraphes de l'époque de faint Louis. Henry ou Henris eft fignalé encore comme un habile enlumineur. Puis vient Jean Mados, le neveu
du célèbre Adam le Boffu d'Arras. Il fe livre plus fpécialement à la
tranfcription des livres & à la calligraphie ornée, qu'à l'enluminure
proprement dite.

Nous poffédons une lifte de dix à douze enlumineurs dreffée en
1292, pour l'acquittement de la taille ; mais rien n'attefte quelles furent leurs œuvres, & en quelle eftime fut leur talent. (Voyez P. Lacroix
& Ed. Fournier, *le Livre d'or des Métiers.*

Sans aucun doute, la France renfermait à cette époque des peintres
calligraphes dont les œuvres étaient tenues en telle eftime, qu'elles
égalaient dans l'opinion, fi même elles ne les furpaffaient, les pages
des artiftes les plus renommés. Mais Conrad, le moine de Scheyren,
Maneirius qui vivait encore en Angleterre, Diotifalvi, l'honneur de
l'Italie, avec les bénédictins Serrati & Benoît de Bari, rattachent tous
leur nom à quelque livre fplendide ; il n'en eft malheureufement pas
ainfi des nôtres. Maître Bernar, Baudouin, Nicolas, qui fe faifait aider
par fa mère, Guiot de Houvre, fire Jehan, fire Eudes, n'appartien-
nent encore à l'hiftoire de l'art que par les regiftres qui tiennent compte
du minime impôt auquel on les foumettait. Nous favons feulement
qu'ils habitaient, pour la plupart, à Paris, cette rue d'Erembourg de

Brie, dont les générations ſuivantes altérèrent ſi étrangement le nom en l'appelant la rue Boutebric, & qui, au XIIIe ſiècle, fut nommée, dit-on, un moment, la rue des Enlumineurs.

L n'y a malheureuſement aucun nom de calligraphe célèbre indiqué, pour les deux belles Bibles latines de l'Arſenal, auxquelles on a fait plus d'un emprunt, afin d'expoſer dans tout ſon jour l'originalité de l'art du miniaturiſte durant cette période. (Pages 124, 125, 158, 159.)

Le P. Cahier a dit avec beaucoup de raiſon, en parlant du caractère ſpécial qui diſtingue les œuvres calligraphiques du ſiècle de ſaint Louis : « La France, au XIIIe ſiècle, nomme l'art des miniaturiſtes. Elle les fait appeler *enlumineurs*, & donne ſi bien le ton dans la miniature, de 1250 à 1360, que pluſieurs beaux manuſcrits *yſtoriés*, à dater de cette époque, ſont écrits en langue françaiſe, ou avec traduction ſoit continue, ſoit intermittente. La diffuſion de la langue françaiſe occaſionnée par les croiſades, par les guerres d'Italie, par les princes français d'Angleterre & de Flandre, par les poéſies de nos romanciers & de nos trouvères, a dû ſans doute y contribuer beaucoup. Du reſte, la France, y compris les Flandres, ſous les ducs de Bourgogne, ſe maintint en première ligne dans cet art, juſqu'au XVIe ſiècle. »

Soit que les artiſtes des autres nations de l'Europe n'aient jamais eu dans leurs principes le rigoriſme des peintres français, ſoit que leurs compatriotes aient été plus ſoigneux de leur gloire que nous ne l'avons été à l'égard de la nôtre, pluſieurs noms qui brillent en Italie & en Allemagne, nous ſont parvenus. Tel eſt, après Oderiſi & après le Margheritone, le fameux Taddeo Gaddi, né en 1239, & qui, vers la fin du ſiècle, ſe fit une ſi grande réputation ; Sylveſtro Calmaldoleſe, qui était ſon élève, l'égala s'il ne le ſurpaſſa point ; Franco Bologneſe a pour lui le mémorable ſouvenir du Dante ; Cimabuë eſt lui-même un peintre de manuſcrits (un *exemplator*) avant que d'être un chef d'école.

Toutes les villes de l'Europe, tous les monaſtères, participent à ce mouvement : l'Eſpagne nomme ſon Pedro de Pamplona ; l'Angleterre, ſon Nicolas Treveth, & d'habiles calligraphes allemands ſe groupent autour de Théodoric de Prague.

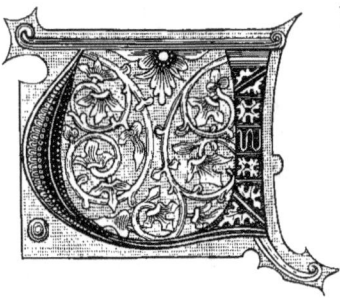

UCUNE œuvre de l'art français, même parmi les plus précieuſes, n'eſt comparable, durant cette époque, à un monument calligraphique anonyme, qu'on met également au nombre des monuments religieux : les Heures de ſaint Louis, conſervées au Muſée des Souverains, à Paris, offrent la preuve variée, dans leurs pages étincelantes, des changements immenſes qui ſe ſont opérés. (Page 387.)

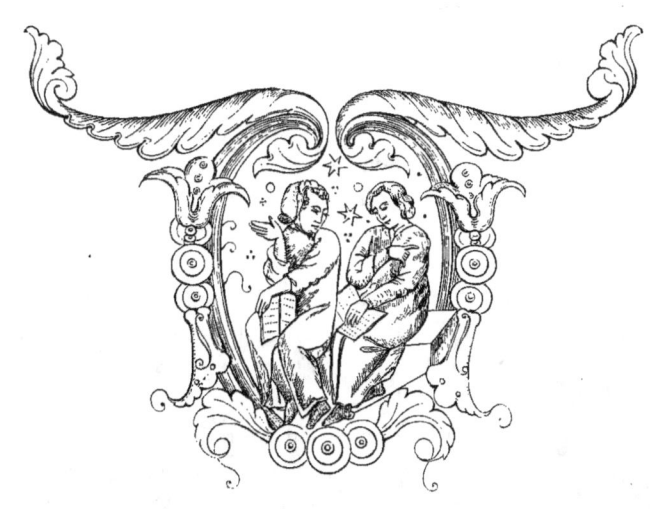

§ XIII.

DEBUT DU XIVe SIECLE. — CHARLES V ET LA BIBLIOTHEQUE DU
LOUVRE. — SON FRERE LE DUC DE BERRY. — JEHANNE DE FRANCE.
— PATRONAGE DES PEINTRES DE PLATE PEINTURE. — PROTEC-
TEURS DE L'ART. — ARTISTES DU XIVe SIECLE. — LEURS OEUVRES.

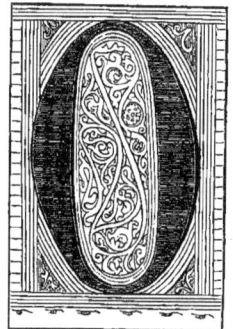
N a remarqué avec beaucoup de juſteſſe que la
peinture européenne, entre 1250 & 1360,
« acquiert une grâce qui va toujours croiſſant,
& qui certainement n'était pas empruntée à
Byzance. »

Lorſque l'art fut ſorti du cloître, lorſqu'il ſe
fut ſécularisé, ſi l'on peut uſer de ce terme, ce
fut parmi les rois de France, parmi les princes
le plus rapprochés du trône, & auſſi parmi
quelques grandes dames & quelques riches ſeigneurs de la Flandre,
qu'il trouva des protecteurs. Il en eut, un ſiècle plus tard, juſque dans
une région où d'ordinaire la penſée ne va pas, à cette époque, chercher les amateurs éclairés : il en trouva dans ce pays à demi barbare,
que Mathias le Huniade diſputait ſi courageuſement contre l'enva-
hiſſement des Turcs.

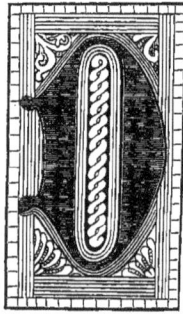
E tous les maux qui affligèrent la France à cette épo-
que, la déplorable adminiſtration de Louis-le-Hutin
ne fut pas la moins pernicieuſe, & cependant l'Univerſité de Paris n'avait rien perdu de ſon influence ;
elle la propageait au contraire par des ſuccurſales
établies en province, & ſurtout par de ſages règle-
ments. Si dès les années 1259 & 1275, elle avait
rendu les premiers ſtatuts relatifs aux *ſtationarii*,
chargés ſpécialement de faire exécuter les copies de

livres, fi elle s'était adjoint des clercs *libraires jurés*, elle exigea au XIVᵉ fiècle que nulle copie ne fût mife en circulation, qu'elle ne fût expofée durant quatre jours au grand couvent des Dominicains, avant même que fon délégué en permît la vente, & l'édit de 1323 ordonna que le copifte agréé par le recteur ne pût exercer fon induftrie fans une autorifation préalable. Ces foins devaient maintenir la dignité de l'art du calligraphe; la fondation de quelques bibliothèques en dehors des établiffements monaftiques fit fa profpérité.

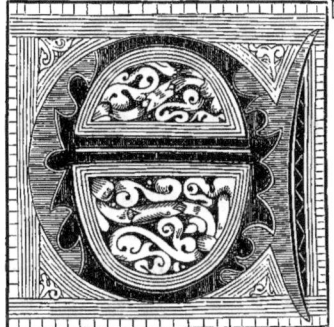

NFIN, ce ferait un lieu commun que d'infifter fur l'utilité de l'établiffement tout littéraire de Charles V, lorfqu'il réunit fes 910 volumes occupant trois étages de la tour du Louvre. Ceux qui voudront avoir des notions complètes touchant cette collection primitive, n'auront rien à défirer fur ce point, lorfqu'ils auront lu un curieux volume intitulé : *Inventoire des livres du Roy noftre feigneur eftant au chaftel du Louvre.*

Rédigé en 1373 par Gilles Mallet, qui prend le titre de valet de chambre, & plus tard celui de maiftre d'hoftel du roi, ce volume oublié trouva un éditeur plein de follicitude, dans le digne Van-Praët en qui fe réfume de nos jours la fcience du bibliophile.

L ne faut point s'y tromper, ce n'eft pas un fimple catalogue, c'eft l'hiftoire d'un noble monument littéraire, l'honneur du pays; ces beaux livres de Charles V, ces fplendides manufcrits, qui nous font tous parvenus, étaient offerts à la curiofité ftudieufe des clercs du XIVᵉ fiècle, comme nos riches bibliothèques s'ouvrent pour le monde entier.

Une idée généreufe qui contribue au mouvement favorable des études en notre temps, a fes prémiffes dans la penfée prévoyante &

charitable de Charles V. Par ordre du bon roi, nous apprend Gilles Mallet, trente petits chandeliers & une lampe d'argent, ſuſpendus à la voûte d'une des ſalles de la tour, éclairaient les dévots travailleurs qui venaient conſumer leurs veilles ſur Fillaſtre & Nicole Oreſme. Un digne grand-maître de l'Univerſité, M. de Salvandy, a trouvé la même idée dans ſon cœur.

On nous diſpenſera de prouver ici qu'un ſouverain par les ſoins duquel tant de chefs-d'œuvre calligraphiques étaient raſſemblés, ſavait choiſir les merveilleux artiſtes auxquels il confiait le ſoin d'orner ſes livres.

Quelquefois le ſage monarque ne dédaignait pas d'appoſer ſa ſignature ſur les beaux volumes qu'il aimait. *Les grandes Chroniques de St-Denis*, conſervées aujourd'hui à la Bibliothèque Ste-Geneviève, offrent ce touchant ſouvenir du roi bibliophile. Son nom a été tracé par lui au-deſſous d'une ſphère qui dit la ſcience géographique de ſon temps; ſcience étrange! & qui prouve, dans tous les cas, combien était bizarre la coſmographie qu'interprétait d'une façon ſi fantaſtique le ſoigneux illuminateur. (Voyez le vicomte de Santarem, *Collection des cartes du moyen-âge.*)

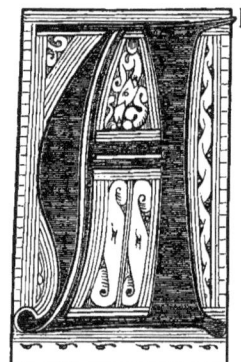APRES ce roi de France, admirateur ſi fervent d'Ariſtote, le plus grand amateur de beaux livres de ce temps fut le duc de Berry, dont on admire encore la tombe à Bourges. Ce troiſième fils du roi Jean & de Bonne de Luxembourg, né en 1340, ne mourut qu'en 1416 & vit par conſéquent s'accomplir les dernières révolutions de la calligraphie. Tout nous prouve que, s'il pourſuivit à travers les orages politiques de ſon ſiècle une vie de magnificence & de luxe, il fut encourager les arts & placer les artiſtes à leur rang : témoin Foucquet, dont l'admirable talent domine tous ſes contemporains, mais qui appartient plus ſpécialement au XVᵉ ſiècle ; témoin encore Jean Flamel, que l'on confond ſans ceſſe avec Nicolas ſon parent. On ne ſaurait donc ſe faire aujourd'hui une idée bien nette du tort irréparable que firent à l'art du moyen-âge les excès de la colère populaire. En 1411, l'hôtel de Neſle, où réſidait ce prince, fut impi-

toyablement abattu, fans qu'on refpeétât aucun des chefs - d'œuvre qu'on y venait admirer, &, un peu plus tard, ce fut par l'incendie qu'on détruifit le château de Bicêtre, qui peut-être n'était pas moins rempli de beaux livres que la fameufe tour de la librairie.

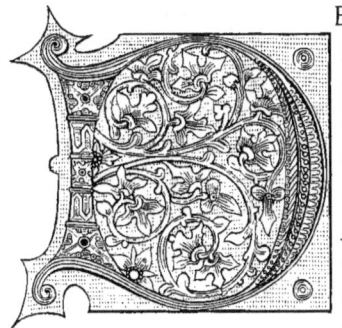

E Charles V à Charles VII, vient, dans l'ordre des promoteurs de l'art, une princeffe de leur famille : c'eft Jehanne de France, ducheffe du Bourbonnais, qui, du fond de fa modefte réfidence de Moulins, aime à fe dire *fille de roi, fœur de roi;* fon amour pour les arts eft digne en effet d'une fouveraine, & même, comme Charles V, elle fe plaît à figner les beaux livres dont elle a ordonné la tranfcription, ou qu'elle a voulu voir ornés de tout le luxe de la calligraphie.

Rien ne le prouve mieux que certains manufcrits confervés à la Bibliothèque impériale, cette princeffe confacrait des fommes énormes à l'achèvement des magnifiques volumes qu'on venait admirer dans fon château de Moulins. Tous ceux qui voudront fe faire une idée de la réelle folennité avec laquelle un livre était reçu alors par le haut perfonnage qui en avait médité les délicates merveilles, verront les preuves de cette eftime pour l'art dans quelques fplendides in-folio de la Bibliothèque impériale.

Que l'on confulte le *Défenfeur de la Conception immaculée,* livre traduit du latin de Pierre Thomas, par Antoine de Lévis, comte de Villars. (Voyez P. Paris, *Cat. des Man. de la Bib. imp.,* t. VII, n° 7307.) Jehanne de France fe trouve repréfentée au frontifpice de ce beau volume : elle eft fous un dais, entourée de dames & de feigneurs, recevant l'hommage du comte de Villars, & nulle peinture de cet âge ne donne une idée plus complète de la grâce, de l'élégance même, qui régnait dans ces cours provinciales où s'exécutaient des merveilles calligraphiques que Paris eût certainement enviées.

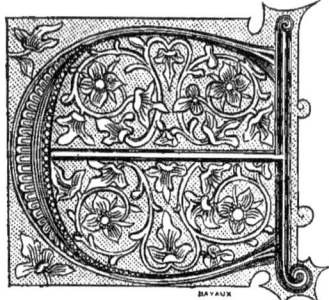N continuant cet exposé, où l'on a essayé de faire comprendre quelle fut la protection accordée à l'art du calligraphe au XIVe siècle & au commencement du XVe, nommons les artistes eux-mêmes, & faisons connaître quelques-unes de leurs œuvres.

Pour l'art français, nous citerons d'abord maître Girart d'Orliens, le peintre attaché à la personne du roi Jean qui, au temps de ses plus grands défastres, ne put se séparer de l'habile artiste & l'employait à satisfaire ses coûteuses fantaisies. (Voyez le *Bulletin du Bibliophile* de 1857.)

Vient ensuite Jacquemin Gringonneur, le peintre de Charles VI, auquel on attribue à tort l'invention des cartes à jouer, mais qui illustra certainement de son pinceau habile les brillants tarots venus jusqu'à nous. Au dire de quelques écrivains, Gringonneur ne serait qu'un surnom spécifiant la nature minutieuse de l'œuvre à laquelle se livrait l'artiste. Réputé le peintre le plus habile de son temps, Jacquemin était membre de l'académie de St-Luc, instituée par Charles V.

Andrieu Beauneveu avait été choisi par le duc de Berry pour faire partie de ses peintres, & le nom du protecteur fait assez comprendre ce que valait l'artiste ; quelques écrivains lui accordent le premier rang. Les frères Manuel, si chèrement rétribués pour le temps, Jacquemart, Oudin de Carvanay, qui a illustré le *Pélerinage Jésu-Crift* & la seconde partie des *Chroniques de St-Denis*, Henry de Trévoux, son contemporain, Rambaldis, l'habile calligraphe Jehan de Montmartre, qui, vers le milieu du siècle, se qualifie d'enlumineur du roi, Hubert, dont la renommée se propage surtout dans le nord, le moine Bernard, qui réside à St-Omer, Pierre de Soliers, peintre statuaire & poète, qui illustre surtout la Provence, Jean de Mehung, le continuateur du roman de la Rose, & tant d'autres que nous nous abstenons de nommer ici, prouvent combien cette période fut active & ce que la France pouvait alors opposer d'artistes renommés, même à Rome & à Florence, où se formait une école d'admirables miniaturistes.

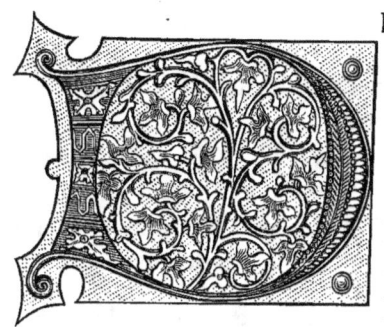E toutes les œuvres de ce temps, celle qui a fourni à l'*Imitation* quelques-unes de ses pages les plus richement *ystoriées*, comme on disait alors, est un magnifique volume, honneur de l'art parisien. (Voyez les pages 24, 25, 32, 33.) Le *Livre des merveilles du Monde* appartient presque autant au xve qu'au xive siècle, mais il résume admirablement l'art fleuri, abondant, varié, qui précède les vrais chefs-d'œuvre des Poyet, des Clouet & des Beauneveu. Vraie collection universelle des voyages, telle qu'on l'entendait en ce temps, réunion bizarre de relations où le fantastique l'emporte presque toujours sur le vrai, ce livre fut traduit du latin par Jehan de Lines, le moine savant de St-Bertin, & calligraphié vers 1392, par Jean Flamel, qu'il faut bien se garder, selon M. de Bastard, de confondre avec son homonyme, dont la réputation est populaire comme alchimiste, mais dont la renommée comme *escripvain* devient plus douteuse, bien qu'il reste acquis à la science qu'il fit exécuter nombre de manuscrits.

L'un des plus magnifiques volumes de cette époque, appartenant à l'art français, porte le titre d'Heures de Louis, duc d'Anjou. Saint Louis, sur son lit de mort, à Tunis, remettant à ses affidés les instructions qu'il a rédigées pour Philippe-le-Hardi, est une des plus belles miniatures du xive siècle, & la *Paléographie universelle* l'a reproduite avec bonheur.

Le magnifique Psautier du duc de Berry, où l'ornithologie emblématique fournit de si délicieux ornements, en se mêlant aux anges & aux pieux solitaires (voyez pages 98, 99, 102, 103); les belles Heures latines de la Bibliothèque Ste-Geneviève, si capricieusement peintes sur leur fond d'or; le Missel parisien qui existe à la Bibliothèque de l'Arsenal, & qui était à l'usage du monastère de St-Magloire (voyez page 352); le délicieux Térence italien de la Bibliothèque de l'Arsenal (voyez la page 202), livre qui n'a de rival que dans un volume portant le même titre, conservé à la Bibliothèque impériale & illustré par delà les monts : tous ces volumes d'art si divers, & jusqu'à présent si peu appréciés, ont paru représenter suffisamment, sinon par le nombre, du moins par le choix, les écoles calligraphiques de l'Italie & de la France.

Hugues de St-Cefari, le peintre provençal, Michel Gonneau, Joseph Coulombe, l'artiste tourangeau, Jehan Rigot, l'habile moine du monastère des Sts-Pères de Melun, Le Saige, peintre du roi, dont M. Paris nous a révélé le mérite, Jean Goffard de Maubeuge, que ses contemporains traitent de nouveau Zeuxis, font autant de peintres éminents, mais quelques années encore & Jean Foucquet les dominera tous.

Plus loin, & dans un chapitre spécial, nous ferons connaître la biographie de ce dernier miniaturiste ainsi que ses œuvres principales ; dès à présent il est bon de laisser expliquer à un critique habile quelle somme de changements il apporta dans le style de la peinture des livres.

C'est M. de Laborde qui a dit, en parlant de ce grand artiste :

« Peintre aussi naïf, observateur plus naturel que Hemling, Foucquet a dans ses figures quelques-unes des qualités les plus solides de ce peintre délicieux, & pour ses échappées de lointain, ses paysages à vol d'oiseau, il surpasse Jean Van-Eyck, tant il fait éclairer avec harmonie ses plans successifs & les pénétrer de perspective aérienne, tant il comprend les ressources offertes par la nature, dont il imite, sur ces charmants bords de la Loire, les vallées sinueuses & les collines qui descendent vers elle. Les details de ses vues, une ville à mi-côte, un clocher sur la hauteur, des maisons en briques aux charpentes saillantes ont toute la bonhomie de la vérité prise sur le fait ; la grandeur de ses horizons, la profondeur de ses lointains, offrent une réalité saisissante qui amplifie ces panoramas microscopiques ; ses compositions sont paisiblement animées. »

§ XIV.

XVe SIECLE EN FLANDRE. — PROTECTION ACCORDEE A L'ART PAR
LES DUCS DE BOURGOGNE. — VAN-EYCK. — HEMLING. — LE ROI
RENE. — MATHIAS CORVIN. — LES ROIS PORTUGAIS.

AIS après avoir fignalé la haute protection que les artiftes trouvent dans la famille de Charles V à la cour de France,
protection qui fe continue jufqu'au XVe
fiècle & qui parvient à fon apogée dans
les dernières années du duc de Berry,
il nous faut nommer les ducs de Bourgogne.

Si l'on veut fe faire une idée des fommes énormes dépenfées par ces princes,
pour l'accroiffement de leur bibliothèque, il fuffit d'ouvrir un livre fort
aride dans fa forme, mais qui bafe fes conclufions fur les comptes contemporains ; ce livre c'eft le mémoire hiftorique de Laferna Santander,
fur la bibliothèque des ducs de Bourgogne.

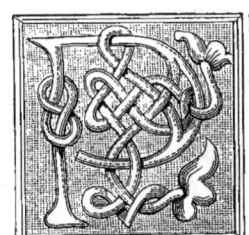

HILIPPE-LE-HARDI, qui gouverne d'une
main fi ferme de 1384 à 1404, eft un bibliophile paffionné, qu'imitèrent fes fucceffeurs.
Philippe-le-Bon mit au nombre de fes royales
magnificences, l'ufage de multiplier les beaux
livres & de récompenfer magnifiquement ceux
qui les ornaient : on fait monter à 935 le nom-
bre des manufcrits raffemblés par lui. Charles-le-Téméraire contem-
plait avec extafe les riches miniatures que fes pères lui avaient léguées ;
il fe piquait de littérature, & tout le monde fait qu'il avait coutume
de placer la Cyropédie de Xénophon fous fon oreiller, comme Alexan-

dre-le-Grand en uſait à l'égard de l'Iliade ; mais tout ce que nous pourrions raconter à ce ſujet pâlirait devant les révélations ſi poſitives dues à M. Léon de Laborde. Pour ſe faire une idée du luxe qui régnait à la cour de ces princes & de la protection qu'on y accordait aux arts, il faut lire les *Etudes ſur la maiſon de Bourgogne*, où pas un fait n'eſt raconté ſans qu'un document authentique ne vienne à l'appui du récit.

On cherchait naguère à glaner quelques noms d'artiſtes : là ſe trouvent des liſtes de pluſieurs pages, vrais pendants de celles qui ont été données dans la *Renaiſſance des arts à la cour de France*.

Diſons-le toutefois, en paſſant, les princes de cette maiſon, ſi ſouvent emportés par leur fureur guerrière, anéantiſſaient bien autant de chefs-d'œuvre qu'ils en faiſaient éclore, & ſi, dès le xiiie ſiècle, une féconde école de peinture s'était fondée dans la ville épiſcopale de Cologne, l'incendie de cette noble cité où brillait l'habile maître Stephan, anéantit plus de livres magnifiques, peut-être, que les états gouvernés par les ducs de Bourgogne n'en virent naître au xve ſiècle.

Durant cette période féconde, dont nous ne prétendons pas amoindrir l'éclat, le perſonnage le plus réellement paſſionné pour ce genre de magnificence, fut un prince eccléſiaſtique qui tenait bien à la maiſon de Bourgogne, mais qui ne brilla comme homme politique qu'à un rang ſecondaire. Le prince-évêque de Liége, Jean de Bavière, que l'on appelait auſſi Jean-ſans-Pitié, reçut avec quelque juſtice ce nom du peuple malheureux qu'il gouvernait; mais il eut du moins la gloire de deviner le plus grand artiſte de ſon temps.

Pendant que Jean de Bruges, le grand artiſte flamand, ſe faiſait admirer à la cour de France, l'évêque de Liége attachait à ſon ſervice l'artiſte inconnu en qui bientôt allait ſe perſonnifier l'art charmant dont il eſt l'honneur : Jean Van-Eyck était deviné par Jean de Bavière. Cela avait lieu vers 1418; ſept ans plus tard, après avoir perdu ſon protecteur, qui, dépoſant la dignité épiſcopale, s'était marié à Eliſabeth de Gorlitz, le jeune peintre paſſait au ſervice du duc régnant.

Philippe-le-Bon recueillit pieuſement l'héritage artiſtique de ſon oncle; non-ſeulement il accorda ſa protection à Jean Van-Eyck, mais il lui aſſigna des émoluments conſidérables, &, en l'attachant à ſa perſonne, il ſe ſervit d'expreſſions telles qu'il eſt facile de deviner en quelle eſtime était à la cour le jeune peintre imagier.

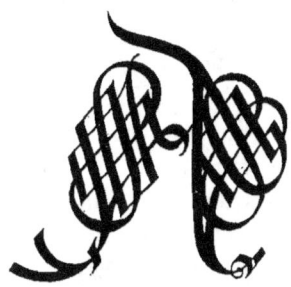 partir de cette époque, Van-Eyck éclipfe tous fes rivaux; il fait pâlir jufqu'à la renommée de fon frère Hubert, que l'on admirait avant lui. Il accompagne, en 1428, l'ambaffade de fon fouverain dans la Péninfule, & rapporte du Portugal de nouvelles infpirations. Honoré de miffions fecrètes, comblé de biens qu'il n'a pas cherchés, il fe retire dans une ville où l'admiration le pourfuit, & on lui attribue jufqu'à la gloire d'avoir découvert la peinture à l'huile.

De l'avis d'un connaiffeur, c'eft à Hubert Van-Eyck, cependant, qu'il faut rapporter, non-feulement le perfectionnement apporté à ce genre de peinture, mais encore « ce que l'école flamande du xve fiècle a produit de plus prodigieux, » c'eft-à-dire, le retable de l'Agneau. Il mourut à Gand, le 18 feptembre 1426. Jean pourfuivit fa glorieufe carrière jufqu'en 1464, & le père de Raphaël, Giovanni Santi, l'appela dans fes vers *il gran Joannes*.

Parmi les peintres flamands qui confacrèrent leur talent à l'enluminure des livres, il n'y en eut point de plus grand que lui; fon frère & fa fœur Marguerite l'aidèrent dans cette tâche moins glorieufe, mais plus aimable peut-être, où fon génie fe révèle encore.

Depuis les favantes recherches auxquelles s'eft livré avec tant de goût M. Waagen, on fait que le célèbre Bréviaire du duc de Bedford porte dans fes délicates peintures tous les caractères qui rappellent les frères Van-Eyck; il en eft de même à l'égard de la tranfcription du roman de la *Table ronde*.

Un beau livre ayant appartenu à Philippe-le-Bon, & que l'on peut admirer à la Bibliothèque de l'Arfenal, repréfente l'art flamand de cette époque, & montre le parti gracieux que les artiftes du xve fiècle tiraient de nos fleurs des champs. (Voyez les pages 41, 48 & 49.)

Si nous racontions les légendes, nous pourrions effayer d'efquiffer ici la vie de Hemling, telle qu'on la rapporte dans maints ouvrages, qui ont joui cependant de quelque crédit; mais la critique moderne n'accepte qu'avec beaucoup de circonfpection un récit qui transforme le grand artifte en un pauvre foldat errant & malade, allant demander à l'hôpital de Cologne le droit d'afile qu'il paye par un chef-d'œuvre.

Ce qu'il y a de certain, c'eſt que Hemling apparaît ſur la ſcène douze ans ſeulement avant l'époque où Van-Eyck va la quitter ; le premier travail reconnu comme étant de lui ne date que de 1462, & cet habile artiſte ne meurt que durant la dernière année du ſiècle.

Hans Hemling, que l'on appelle auſſi Memling, eſt l'élève de Rogier Van der Weyden, miniaturiſte plein de vigueur. Il concourut à l'ornementation du fameux Bréviaire qui a appartenu au cardinal Grimaldi, & que tous les étrangers admirent aujourd'hui à Veniſe. Selon M. Waagen, ce livre offre, dans ſes riches vignettes, des échantillons plus merveilleux de l'école brugeoiſe, « que la plupart des peintures à l'huile qu'elle nous a laiſſées. » Nommer les artiſtes habiles qui l'ont exécuté, c'eſt dire ce que poſſède alors de plus célèbre l'art du miniatutiſte dans les Pays-Bas : Gérard Van der Meere, Hugo Van der Goes, Liévin de Witte & Liévin d'Anvers.

On a dit des tableaux de Van-Eyck & de Hemling quelques mots très juſtes qui peuvent ſe répéter à propos des manuſcrits qu'ils ont ornés. Chez le premier tout rit, tout rayonne, tout chante : c'eſt le printemps dans ſa beauté & ſon éclat. Chez Hemling la nature n'a pas cet air de fête & de joie… : c'eſt un précurſeur d'André Chénier. (Voyez la diſſertation d'Héris.)

Le roi peintre, le roi imagier, René d'Anjou, vint étudier auſſi en Flandre ; ſelon le comte de Laborde, il eut pour maître Jean Van-Eyck. C'était pendant ſon ſéjour à Lille qu'il s'était rencontré avec cet habile homme qu'il fut tout d'abord apprécier.

L'activité artiſtique de ce monarque ſemble commencer à l'année 1431, au début de ſa captivité. Nul homme à cette époque, peut-être, ne fut mieux charmer, par la culture de l'art, les viciſſitudes d'une vie agitée, mais s'il a exécuté des œuvres capitales, longtemps conſervées dans les égliſes, la vérité nous oblige à le dire, on a exagéré le nombre des livres qu'il a ornés. Nous ne dirons rien ici de ſon *Buiſſon ardent ;* nous ne ſignalerons même qu'en paſſant cette œuvre ſi librement peinte qu'on déſigne ſous le nom des *Tournois du roi René* & qui rentre dans l'hiſtoire de la peinture des livres ; nous rappelerons que ſix magnifiques Pſautiers peuvent atteſter le goût exquis de ce prince comme peintre calligraphe, & que l'un des plus admirés a été mis à contribution pour orner l'*Imitation.* (Pages 214, 215, 238, 239, 330, 331.)

René fut marié deux fois : il eut deux mufes, comme il le dit lui-même, auxquelles il confacra fes gracieux chefs-d'œuvre ; la première mourut, & le bon roi ne ceffa pas de peindre ; il chercha même dans la pratique plus active de l'art un allégement à des regrets qu'il croyait lui-même éternels.

Les chroniques locales contiennent quelques paroles touchantes, qui font faifir, chez le roi peintre, l'expreffion de cette paffion naïve qui mêlait à une douleur fincère toutes les recherches, peut-être un peu poétiques, que le fiècle infpirait alors. Ecoutons un livre du temps :

« De la perte de fa loyalle compaigne fut le noble roy de Sicille fi actaint de deuil, qu'il en cuida bien mourir, ne jamais tant, comme il fut en vie, n'oublia l'amour qu'il avoit à elle. Et ung jour comme fes privez lui remontroient, le cuydant confoler, qu'il falloit qu'il entre-oubliaft fon deuil & prift reconfort, le bon feigneur, en plorant, les mena en fon cabinet & leur montra une painture que luy même avoit faicte, qui eftoit ung arc turquoys, du quel la corde eftoit brifée & au deffoubz d'icelluy eftoit efcript ce proverbe itallien : *Arco parlentare plaga non fana* ; puys leur dict : « Mes amys cefte painture faict ref-ponce à tous vos argumens, car ainfy que pour deftendre un arc, ou en brifer & rompre la corde, la playe qu'il a faicte de la fagette qu'il a tirée, n'en eft de rien plus tot guarie ; auffi pourtant, fi la vie de ma chère efpoufe eft par la mort brifée, plus tot n'eft pas guarie la playe de loyalle amour dont elle vivante navra mon cueur. »

Sans oublier jamais fon premier amour, le roi René fe remaria. Ses *privez amys*, comme dit la chronique, lui remontrèrent ce qu'exigeait de lui la politique, & il époufa en 1455 la belle Jeanne de Laval, celle qu'on furnommait à quinze ans la reine de beauté dans les tournois de Tarafcon. En dépit de l'*arc turquoys* & de fon emblème, René, fous cette infpiration nouvelle, fentit fe ranimer fon goût pour la poéfie qu'il avait délaiffée, & auffi pour la peinture des livres, qui lui avait valu de réels fuccès. « Ce fut à cette époque, nous dit fon biographe le plus zélé, que le bon roi commença fon grand poème chevalerefque & allégorique : *La Conquefte de doulce mercy par le cuer d'amour efpris*. » Mais, quoique ce roman porte la date de 1457, il eft à croire que René employa plufieurs années à le compofer, & à l'orner de ravif-fantes miniatures, que l'on admire dans le manufcrit original. Deffi-nées avec un foin & une délicateffe extrêmes, elles ont, dit la critique moderne, divers collaborateurs, mais elles font la preuve du prix que René y attachait. « Le moyen-âge, fes coutumes & fes armures, l'Eglife & fes pompes, les mythologiques allégories de la Renaiffance, revivent dans ces petits tableaux, encadrés de fleurs, étincelants d'or & de toutes les couleurs de l'arc-en-ciel. » (Le comte de Quatrebarbes, *OEuvres complètes du roi René, illuftrées d'après les manufcrits originaux par M. Hawke.*)

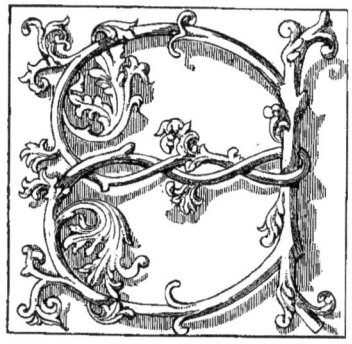

N ce temps d'activité merveilleufe, & que l'on peut appeler l'âge d'or d'un art à jamais perdu, les protecteurs femblaient furgir comme par enchantement des régions les moins faites pour favorifer fon développement. Tandis qu'il repouffait les Turcs & qu'il battait Mahomet II, le fils de Huniade, Mathias Corvin, monté fur le trône à dix-fept ans, fe fentait épris de la fplendeur des livres, dans un pays où on les dédaignait. Familiarifé avec les langues de l'antiquité, homme de goût quoique favant, nul prince de la chrétienté n'avait réuni dans un pays à demi barbare plus de merveilles de la calligraphie. Du fond de la Hongrie, il donnait fes ordres à trente artiftes choifis, dont les noms font en partie connus, pour qu'ils embelliffent des minutieufes fplendeurs de leur art les auteurs de Rome & de la Grèce qu'on voyait furgir de toutes parts. Dans les derniers temps de fa vie, il favait, heureufement pour le monde civilifé, mettre à profit la difperfion de ces bibliothèques grecques que les Turcs anéantiffaient fur leur paffage. Grâce à fes foins, cinquante mille volumes, prefque tous manufcrits, avaient été réunis à Bude, où brillait déjà fon univerfité naiffante. Dans fon zèle fans bornes pour la fcience & pour l'art, il voulait édifier une ville deftinée à quarante mille étudiants que devaient diriger les plus habiles profeffeurs.

Ce fut lui qui fut diftinguer, parmi les artiftes contemporains, les deux miniaturiftes de l'Italie : Attavante & Félix de Ragufe, fans compter tant d'autres calligraphes fecondaires qui parcouraient l'Europe, par fes ordres, en quête des beaux manufcrits.

Les reliures commandées par Mathias Corvin égalaient en fomptuofité & furtout en élégance les beaux manufcrits qu'elles recouvraient.

Pillés par les Turcs, difperfés en 1490, après la mort du roi chevalier, qui les avait ornés avec tant d'amour & de goût, les livres réunis, jadis, à Bude, ont confervé une réputation que près de quatre fiècles écoulés n'ont pas affaiblie. Le nom de ce roi de Hongrie ne vit plus que par quelques rares volumes qu'on retrouve, avec refpeêt, dans les vieilles armoires de Vienne ou de la Vaticane.

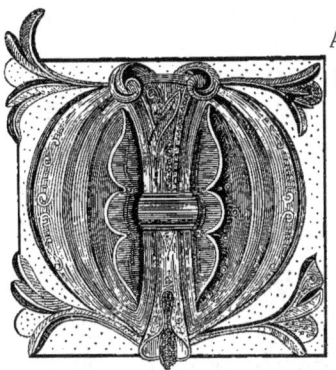

AIS, au xve fiècle, quel roi peut fe comparer à Corvin, dès qu'il s'agit de bibliothèque fondée avec choix & de la fplendeur des beaux livres? Pour en trouver un, il faut aller chercher un petit pays qui va bientôt remplir le monde de fa gloire, & que l'on ne connaît encore que par fes effais de découvertes le long des plages Africaines. Quarante ans avant que le cardinal Ximenès s'apprêtât à brûler ces montagnes de manufcrits arabes qu'on allait arracher des palais de Grenade, & dont Cafiri nous vante la fplendeur, Alphonfe V de Portugal, le fils du roi D. Duarte, fi expert lui-même en beaux livres, fondait une bibliothèque dans fon palais de Lisbonne. L'un de fes premiers foins était d'y expofer le beau traité légué par fon père, ce *Leal Confeilheiro*, fi richement orné, que nous poffédons en France, & auquel nous avons emprunté une majufcule. Puis il y faifait écrire par Joham Gonçalvez, fon écuyer & fon calligraphe en titre, le beau livre des *Conquêtes de la Guinée*, par Azurara, chronique à la fois fplendide & naïve où l'on expofe les changements immenfes qui vont bientôt transformer le monde.

Plus de foixante ans après, le Portugal fe vit en poffeffion d'un véritable chef-d'œuvre calligraphique, mais il lui vint de l'Italie. Lorfque le pape eut reçu d'Emmanuel le premier or obtenu des Indes, comme une forte de tribut religieux, deftiné à appeler les bénédiêtions du Saint-Siége fur les nouvelles conquêtes, Léon X envoya au jeune fouverain une bible magnifique : elle n'avait pas moins de fept volumes in-folio & elle était illuftrée par Sigifmond de Sigifmundis qui s'était adjoint bien d'autres grands artiftes. Reftée longtemps à Belem, on la conferve à Lisbonne.

§ XV.

LES PEINTRES IMAGIERS. — PEINTRES EXECUTANT LA PLATE PEIN-
TURE. — TRAVAUX QUI DEMEURENT DANS LEURS ATTRIBUTIONS.
— COUP D'OEIL SUR CEUX QUI SONT LES PLUS CELEBRES AU XV
ET AU XVI SIECLE. — VERS COMPOSÉS PAR LEMAIRE DE BELGES EN
LEUR HONNEUR.

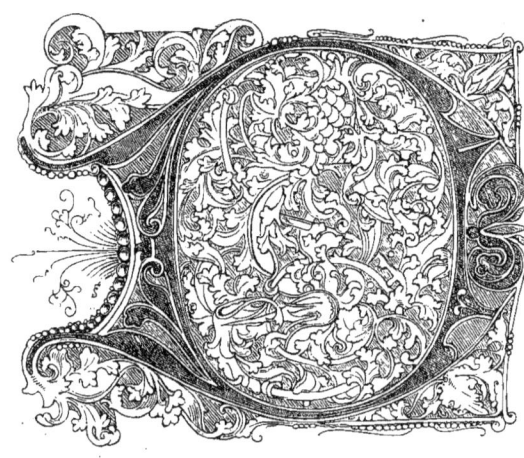

ES prefcriptions par-
ticulières veillaient
au XIVe fiècle fur la
manière dont s'exé-
cutaient les travaux
des peintres imagiers
comme on nommait
encore alors ceux
qui coloraient & qui
doraient la fculpture
fur pierre & fur mar-
bre, & furtout la
fculpture en bois.
« L'union des peintres & des fculpteurs, a dit avec raifon M. de Laborde, était obligée : le peintre complétait & terminait l'œuvre du
fculpteur; auffi formaient-ils un feul corps de métier, & lorfque le
peintre fe livrait à la peinture proprement dite & qu'on appelait plate
peinture, pour la diftinguer de la peinture fur relief, il ceffait comme
tel d'appartenir à un corps de métier; il s'attachait à un roi, à une
abbaye, à un prince ou feigneur, & devenait ici frère lai, là officier
domeftique, & comme tel, il peignait les cartons des tapifferies, les
murs des.églifes, les tableaux d'autels & de chevets, les miniatures des
livres. (*Gloffaire & Répertoire.*)

’ART de l’illuminateur, on le voit, s’était de plus en plus fécularifé; les noms des peintres n’étaient plus enfevelis dans l’intérieur des cloîtres; plufieurs d’entre eux s’étaient répandus. Une jufte renommée s’attachait aux plus habiles; il n’était pas rare de voir ceux qui jouiffaient déjà d’une inconteftable célébrité, attachés à certaines ambaffades ou bien à certaines miffions d’apparat.

Lorfque Gilles de Tournay, par exemple, s’embarqua pour Lisbonne, où il allait chercher une des plus aimables princeffes de ce temps, devenue ducheffe de Bourgogne, Van-Eyck fe vit compris parmi les officiers les plus confidérés qu’emmenât l’ambaffadeur.

L faut reconnaître qu’un nombre infini de peintres d’Heures ou de Miffels ne fortaient pas, fans doute, de leur obfcurité & n’attachaient pas leur nom aux œuvres charmantes qui furgiffaient de leurs mains; mais, pour une foule d’entre eux, l’anonyme n’était plus abfolu comme par le paffé; puis, des voix bien connues proclamaient parfois les noms de ceux qui ne fignaient pas leur œuvre. C’eft ainfi qu’un chroniqueur de cet âge, affez indigefte dans fes récits, quoique affez original dans fa forme, fe charge de mettre en relief tous ces noms oubliés aujourd’hui. Lemaire de Belges fait intervenir dans un dialogue la Nature & l’Art : c’eft la Peinture qui proclame ainfi le nom de fes favoris. Après avoir rappelé le génie des temps antiques, elle s’écrie :

Et fi ie n’ay Parrhafe ou Apelles,
Dont le nom bruit par mémoires anciennes,
l’ay des efprits recents & nouvelets,
Plus ennoblis par leurs beaux pincelets
Que Marmion iadis de Valenciennes,
Ou que Foucquet qui tant eut gloires fiennes ;
Ne que Poyer, Roger, Hugues de Gand,
Ou Ioannes qui tant fut élégant.

Befongnez donc mes alumnes modernes,
Mes beaux enfants nourris de ma mamelle;
Toy, Leonard, qui a graces fupernes;
Gentil Bellin, dont les loz font eternes,
Et Perufin qui fi bien couleur mefle;
Et toi, Iean Hay, ta noble main chome-elle?
Viens voir Nature avec Iean de Paris,
Pour lui donner ombrage & efperits.

(La Plainte du défiré.)

Nous ignorons ce que pouvait être alors ce Jean Hay, que la Peinture convie à une fi dangereufe rivalité; mais Jean Perreal, plus connu fous le nom de Maître Jean de Paris, fut à coup fûr un des peintres illuminateurs les plus habiles de ce temps, fi ce ne fut même le plus en vogue. Allié à une famille d'artiftes auxquels étaient dévolus tous les grands travaux de cette époque, Perreal participait, fans aucun doute, aux faveurs de tout genre qui fe répandaient fur Michel Coulombes & les fiens; mais il ne tarda pas à fe faire apprécier par fon propre mérite; il put s'intituler : *painctre & varlet de chambre du roy.* C'était lui qui avait fait les deffins du tombeau de Philibert de Savoie que Coulombes exécuta fi habilement avec Guillaume Regnault, *fouverain tailleur d'hymaiges.* Son admirateur paffionné, Lemaire de Belges, énumère avec une telle complaifance fes mérites, qu'il met en doute s'il ne le préfère à fes compatriotes réputés les plus fameux d'alors. S'il avait des détracteurs, il avait auffi d'énergiques défenfeurs : voici ce que le plus zélé d'entre eux écrivait, ne craignant pas de l'appeler un fecond Zeuxis, *duquel la louange ferait perpétuelle & non terminable* :

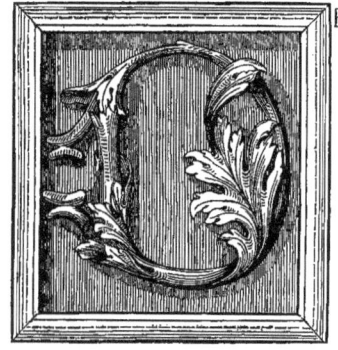

E fa main mercuriale, continue-t-il, il ha
« fatisfait par grand induftrie à la cu-
« riofité de fon office & à la récréation
« des yeux de la très chrétienne maiefté,
« en peignant & repréfentant à la pro-
« pre exiftence tant artificielle comme
« naturelle, dont il furpaffe aujourd'hui
« tous les citramontains, les citez, villes,
« chafteaux, de la conquefte & l'affiete
« d'iceulx, la volubilité des fleuves,

« l'inéqualité des montaignes, la planure du territoire, l'ordre & déf-
« ordre de la bataille, l'horreur des gizans en occifion fanguinolente,
« la miférabilité des mutilez nageans entre mort & vie, l'effroy des
« fuyans, l'ardeur & impétuofité des vainqueurs & l'exaltation & hi-
« larité des triomphans Et fi les imaiges & peintures font muettes, il
« les fera parler ou par fa propre langue bien exprimant ou fourlo-
« quente, par quoy à fon retour, nous, en voyant fes belles œuvres
« ou efcoutant fa vive voix, ferons accroire à nous mefmes avoir efté
« prefens à tout. Comme defia en avons ouï raconter verballement
« & à la vérité, au très autentique feigneur prieur, frère Pierre d'Anton,
« illuftrateur des *Chroniques de France*. »

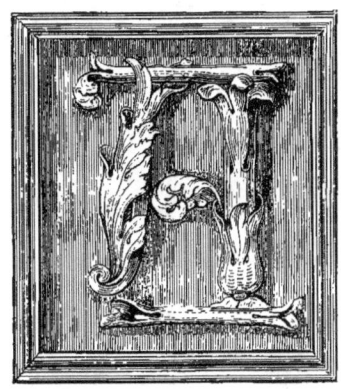

VEC ce peintre, dont le poète fait
un fi merveilleux éloge & qu'il ne tient
qu'à nous de placer au premier rang
des peintres illuminateurs de fon
temps, nous arrivons à la dernière période du xvᵉ fiècle. Il n'eft pas probable, néanmoins, que Jean de Paris
fût accepté fans conteftation par fes
contemporains, & qu'il n'eût pas eu
à fupporter plus d'une injufte agref-
fion. Ce qui peut le faire fuppofer, du
moins, c'eft un mot affez original dans fa forme quelque peu acerbe,
& qu'aime à rappeler le grand artifte qui lui était allié.

« Maiftre Jean Perreal a dit ung mot vraiment philofophal, s'écrie
quelque part le bon Coulombes, affavoir que quand les chiens ne
peuvent mordre, ils fe foulent à abbayer. »

Maître Jehan auquel on affigne un rang fi éminent parmi fes contemporains, vivait encore en 1522. Les dernières inveftigations fur
l'art français, hâtons-nous de le dire, lui ont été prefque auffi favo-
rables que les écrits de fes contemporains. Ajoutons ici que la confi-
dération dont il jouiffait était égale à fon talent; non-feulement il
avait été nommé peintre en titre de Louis XII, mais il tenait fous fa
garde, vers 1505, la vaiffelle d'or d'Anne de Bretagne.

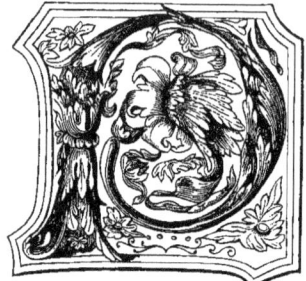

OUR être vrai, il y a bien de la rudesse & encore plus de bizarrerie dans les vers de Lemaire de Belges, mais ils sont l'expression de l'opinion générale qu'on avait dans son temps sur les artistes qu'il a signalés. Il serait curieux & profitable à la fois, en complétant l'histoire de l'art, de suivre pas à pas ses indications & de reconstruire la biographie des peintres qu'il a cités. C'est ainsi, par exemple, que celui dont le nom est placé par lui à la tête de tous les autres noms, Simon Marmion, semble être le chef d'une école de miniaturistes, précédant Jean de Paris & remplissant la ville de Valenciennes de ses ouvrages. De notre temps, la tombe de Marmion a été découverte dans la ville même où il prit naissance, & l'épitaphe que lui consacra Molinet, & qu'on y lit encore, laisse deviner de quelle renommée il fut environné durant sa vie.

> Je suis Simon Marmion, vif & mort :
> Mort par nature & vif entre les hommes.

Ce que nous savons sur cet habile homme est dû en réalité à l'archiviste infatigable du département du Nord, à M. Le Glay, dont le vaste savoir éclaire parfois les questions d'art comme les questions de paléographie.

Simon Marmion vécut jusqu'en 1489. Il nous serait aisé de citer les noms de la plupart de ses contemporains. Après les derniers travaux de la Belgique, après les exhumations, surtout, du comte de Laborde, on peut sans peine, ce qui eût été impossible il y a une vingtaine d'années, tracer la série non interrompue des grands artistes illuminateurs qui, à la suite de Perreal, de Foucquet & de Marmion, remplirent nos bibliothèques naissantes de leurs chefs-d'œuvre.

Avant d'esquisser la plus importante de ces biographies, disons un mot du prix que les artistes habiles attachaient à leur travail, & montrons par quel événement la France fut un moment privée de ses plus splendides manuscrits.

§ XVI.

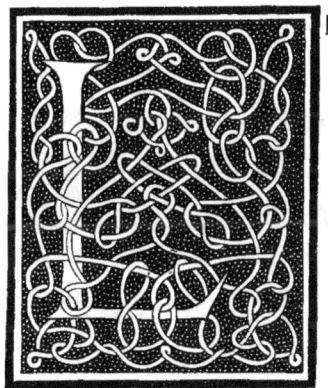

E prix exceſſif auquel s'élevaient les livres
durant les bas ſiècles & le moyen-âge, a
été indiqué par nous au début de cette
Notice. Lorſque l'art du calligraphe ceſſa
d'être un art monaſtique, on n'échangea
plus, ſans doute, une métairie contre
un ſeul volume, mais on demanda ſouvent des ſommes relativement prodi-
gieuſes pour les ouvrages d'une certaine
étendue & qui avaient exigé quelque
ſoin ; que devait-ce être lorſque toutes
les magnificences de la chryſographie élevaient néceſſairement le prix
du livre ?

Un homme qui fait autorité en ces ſortes de matières, a fourni ſur
ce point des données poſitives que nous aimons à reproduire ici : Dau-
nou a dit que le prix moyen d'un livre tenant le milieu entre les ſimples opuſcules manuels & les volumes ſurchargés de peintures ou d'ornements « pouvait équivaloir au prix de choſes qui coûteraient aujour-
d'hui 4 à 500 fr. »

Un archiviſte bien connu par ſon eſprit poſitif, G. Camus, a ſou-
mis l'un des plus beaux volumes de la Bibliothèque impériale à de
minutieux calculs ; il en vient à ce réſultat que la *Bible hiſtauriaus*, ſous
le n° 6829, n'a pu coûter moins de 61,000 fr. de notre monnaie, &,
encore, pour ſe réduire à cette évaluation, le ſavant bibliophile eſt-il

contraint de fixer à la ſomme, preſque fabuleuſe, de 12 fr. chaque dé-
licieuſe miniature qui orne ce beau livre. (Voyez le t. VI des *Notices
& Extraits des Manuſcrits*, in-4º.)

M. Firmin Didot a refait le calcul. Il ſuppoſe avec raiſon, ſelon
nous, que le prix de 16 fr. n'eſt pas trop élevé pour rémunérer chaque
petit tableau & les deux verſets qui l'accompagnent. Les 5,122 miniatures lui donnent un chiffre de 82,000 fr., & il ne comprend dans cette
ſomme énorme ni les frais d'écriture, ni ceux du parchemin. Nous
répéterons donc volontiers, avec l'habile typographe : où trouverait-on
un pareil luxe pour les livres? (Voyez *Eſſai ſur la Typographie*, Paris,
1851, in-8º.)

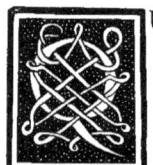

UELQUE foi que nous puiſſions donner à ce calcul,
nous devons ajouter que G. Peignot explique à merveille,
de ſon côté, combien ces prix qui nous ſemblent exagé-
rés ſe maintenaient à la cour de Bourgogne. Philippe-
le-Hardi conclut marché avec les frères Mamel à raiſon
de 20 ſols, ſomme énorme à cette époque, « pour parfaire les *hiſtoires*
(les peintures) d'une très belle & notable Bible par eux commencée. »
600 livres ſont accordées, par le même prince, à Maiſtre Jehan Durand,
ſon phyſicien (ſon médecin), pour les employer *ès-écritures & per-
fections d'icelles.* Cet officier de la maiſon du duc achète de Dyne
Raponde, pour 500 livres, un Tite-Live « en lettres d'or & d'imaiges. »
Le grand traité *de la Propriété des Choſes*, ſorte d'encyclopédie dont la
réputation déjà bien ancienne ſe pourſuit juſqu'au temps de la Renaiſſance, ne lui coûte pas moins de 400 livres.

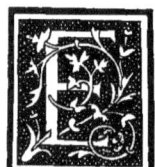

N avançant vers l'époque où l'imprimerie fut découverte,
on peut donc dire que les beaux livres devinrent infiniment plus nombreux, ſans que pour cela leur prix
ceſſât d'être exorbitant. Interrogeons encore les
comptes de cette époque, & nous verrons un duc de
Bourgogne payer à Pierre Donnedieu, *eſcrivain*, demeurant à Paris,
428 fr. pour l'écriture de deux Antiphonaires deſtinés à l'égliſe de
Champmol ; & il ajoute, de plus, une ſomme de 750 fr. « pour les
enluminer, florir d'azur & de vermillon, » puis, enfin, les relier ſoli-
dement. Un peu plus tard, Jacques Raponde, marchand de la bonne

ville de Paris, le parent de celui que nous avons nommé précédemment, vend également au duc de Bourgogne, pour une fomme de 500 écus d'or, repréfentant 7,500 fr., « ung beau livre appelé : *La Légende dorée*, efcripte en françois, de lettres de forme. » Sans offrir ici un plus grand nombre d'exemples, qu'il ferait facile de multiplier, nous en ajouterons encore un parce qu'il fe rapporte à l'Italie. L'imprimerie multipliait, depuis quelques années, les livres en Europe lorfque Francefco de' Roffi, de Mantoue, & Taddeo Crivelli recevaient la fomme de 1,375 ducats pour la peinture & la copie d'une de ces Bibles ornées qu'on appelait *Bibles hiftauriaus*. (Voyez Langlois, *Mémoire fur la Calligraphie du Moyen-âge.*)

A côté de ces magnifiques volumes, dont le prix effrayerait aujourd'hui les bibliophiles les plus zélés, il y avait ces Pfautiers de la dimenfion de la paume de la main, & dont, felon Monteil, le prix ne s'élevait pas au delà d'un fou ; les petits livres ufuels deftinés aux études & dont on diminuait le volume en les couvrant d'abréviations ; mais ce n'eft point de tels livres, quelle que fût leur inconteftable utilité, dont nous devons nous préoccuper ; on trouvera, d'ailleurs, l'appréciation vénale de quelques-uns d'entre eux dans le livre de Cheviller, qui l'a donnée d'après le 75me feuillet du livre rectoral. Les volumes fplendides, tels que les recherchaient Jehanne de Bourbon ou le feigneur de La Gruthuyfe, l'amateur le plus paffionné de fon époque, repréfentaient de telles fommes que, pour les garantir à l'acheteur, le libraire allait jufqu'à hypothéquer fes biens & donner en gage fa propre perfonne. (Voyez Lacroix & Fournier, *le Livre d'or des Métiers.*)

Et fi l'on en vient aux détails, fi l'on pénètre dans tous les petits fecrets du *maiftre efcripvain*, on verra que le prix des acceffoires indifpenfables pour qu'un manufcrit foit parachevé *en façon de livre*, n'eft pas inférieur au prix reçu par le calligraphe. Il faut fe procurer le parchemin, le vélin, le chevrotin, la froncine ; il eft indifpenfable d'employer le *velluyaux*, les *fermeillez de cuivre*, les bourdons, les clous de Rouen, les clous de laiton & de cuivre, les ferges de plufieurs couleurs pour faire chapiteaux, le cuir de vache, tout cela confié à un homme habile, mais qui parfois ne fait pas lire & doit jurer fur l'Evangile, en certaines occafions, qu'il ne le fait point : tout cela, dis-je, ne monte pas à moins de 262 fr. pour une reliure affez ordinaire.

§ XVII.

VENTE DES LIVRES DE LA COURONNE. — LE DUC DE BEDFORD. — RETOUR DE CES VOLUMES A LA BIBLIOTHEQUE DU ROI. — BEAUNEVEU. — LEGENDES ET TRADITIONS QUI SE RATTACHENT A QUELQUES MANUSCRITS.

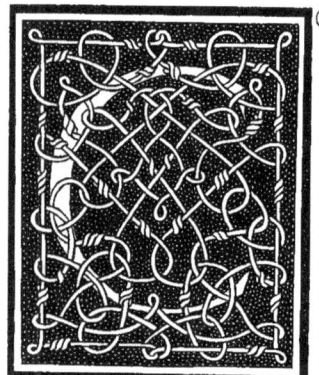

OMME on serait tenté de le suppofer, l'art ne tomba pas en décadence fous le règne défaftreux de Charles VI : la protection éclairée des ducs d'Anjou, de Bourgogne & de Berry, l'achemina, au contraire, vers de meilleures deftinées. Il ne faut pas oublier que c'eft à cette époque que l'on peut faire remonter les *Miracles de la Vierge*, admirable volume exécuté pour le duc de Bourgogne, & cette *Vie de fainte Catherine de Sienne* que poffède la Bibliothèque impériale, & dont chaque miniature, peinte en camaïeu, eft un véritable chef-d'œuvre.

Après la mort de Charles VI, un incident déplorable, & dont on n'a pas encore bien apprécié les conféquences, menaça de difperfer, à tout jamais, les fplendides volumes réunis par Charles V, & ceux que le goût inftinctif d'Ifabeau de Bavière avait pu ajouter à la merveilleufe collection du Louvre. En 1423, comme Garnier de St-Yon était garde de la Bibliothèque, le duc de Bedford, régent du royaume, fit dreffer l'inventaire des livres du roi. On voit, d'un feul coup d'œil, combien leur nombre avait diminué, puifque, dépaffant naguère le nombre de 900, ils n'offraient plus qu'un total de 853 volumes. Selon divers bibliographes, plufieurs beaux livres faifant partie de la collection avaient été tranfportés dans les châteaux royaux. A l'évaluation de la prifée, ces magnifiques volumes s'élevèrent à la fomme de 2,323

livres & 4 fous, fomme confidérable pour l'époque ; mais, felon Langlois, ils ne furent achetés que 1,200 fr. par le duc de Bedford, ou
du moins, on remit cette fomme à P. Thierry, l'entrepreneur des tom-
bes royales. D'après l'inventaire même, qui nous a été confervé, on
peut faire remonter le temps de cette fpoliation temporaire au 25 octo-
bre 1429, époque à laquelle le bibliothécaire reçut une décharge complète des tréfors confiés à fa garde. Les livres de la Bibliothèque du
Louvre ne procédaient pas tous de la collection primitive, fi généreu-
fement difpofée, naguère encore, pour que le public en pût jouir ; ils
furent, pour la plupart, tranfportés en Angleterre ; mais, fans que l'on
ait pu encore expliquer par quel enchaînement de circonftances cela
eut lieu, ils ne furent perdus ni pour les arts, ni pour la France. Ce
qu'il y a de certain, c'eft que plufieurs d'entre eux furent rapportés par
deux princes de la maifon d'Orléans, Charles & Jean, comte d'An-
goulême. Le premier, comme on fait, avait fondé une bibliothèque à
Blois ; le fecond avait établi la fienne dans la capitale de l'Angoumois.
Nous devons le catalogue fi précieux de la collection raffemblée en
1427 par Charles d'Orléans, à M. Le Roux de Lincy.

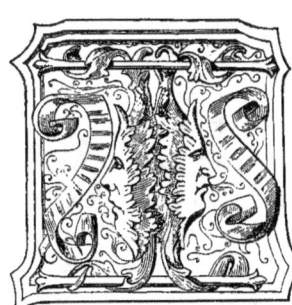

L y avait vers cette époque un grand nombre d'artiftes éminents, à la tête defquels
il faut placer cet Andrieu Beauneveu, mentionné déjà à propos du duc de Berry,
mais dont parle Froiffard, & qui appartenait au Hainaut. Beauneveu vécut jufqu'au
début du XVe fiècle, &, felon les juftes ex-
preffions du comte Horace de Viel-Caftel,
« cet artifte a laiffé un grand nombre de
miniatures qui le claffent à part & le rendent prefque digne d'être
placé à côté de Jehan Foucquet dont il fut le précurfeur. »

Cet admirable miniaturifte était dans tout l'éclat de fon talent en
1409, car ce fut l'époque à laquelle il termina les grandes Heures de
Jehan, duc de Berry, ce beau livre à la vue duquel M. Champollion
ne peut s'empêcher de dire : « Un cri s'élève de la confcience de tout
homme de goût... en l'honneur du prince promoteur des talents qui
ont créé un tel chef-d'œuvre. »

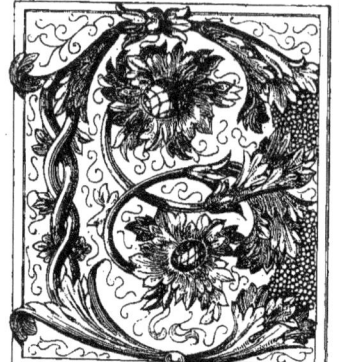

EAUNEVEU n'était pas apprécié seulement par les grands de la terre, il était admiré par le siècle. Froissard, qui se montre connaisseur habile jusque dans les détails les plus minutieux des œuvres d'art, Froissard nous fournit sur lui des renseignements auxquels il ne manque qu'une date précise pour être infiniment précieux. Après nous l'avoir montré à Mehun-sur-Yèvre, devisant avec le bon duc qui l'entretient de tailles & de peintures, il ajoute en parlant du prince : « Et il estoit bien adressé, car, dessus ce maître Andrieu dont je parle, n'avoit pour lors meilleur ni le pareil en nulles terres. »

N poursuivant la lecture du spirituel écrivain, on se demande si ce n'était pas Beauneveu, ou tout au moins un de ses plus habiles élèves, qui avait orné ce beau livre de Méliador, dont notre chroniqueur s'en alla faire hommage au roi d'Angleterre. Il y a là un petit tableau d'intérieur tracé de la façon la plus aimable, & qui rentre trop bien dans notre sujet pour que nous hésitions à le reproduire. Pour en saisir la grâce, il faut se rappeler en quel degré de familiarité était Froissard avec le roi Richard II. Le livre qu'il voulait offrir au monarque avait été déposé par les serviteurs dans la salle où il fut admis. « Si le vis en sa chambre, dit-il, car tout pourveu ie l'avoie, & lui mis sur son lict, & lors l'ouvrit & regarda dedans, & luy plut très grandement & plaire bien luy devoyt, car il estoit enluminé, escrit & historié, & couvert de vermeil veloux, à dix clous d'argent dorez d'or & rose d'or au milieu, à deux gros fermaux dorez & richement ouvrez, au milieu rosiers d'or. Adonc, demanda le roy de quoy il traictoit, & ie lui dis d'amour : de ceste responce fust tout resiouy. »

moins d'avoir étudié dans tous leurs détails, les faits curieux qui se rattachent à l'histoire de nos beaux manuscrits, on ne peut se faire une juste idée des traditions pleines d'intérêt, des légendes poétiques même, dont ils mêlent le souvenir aux emblèmes parfois étranges dont leurs marges font ornées. Qui n'eft frappé, par exemple, dans les grandes Heures du duc de Berry, dont nous parlions tout à l'heure, de la préfence d'un lourd quadrupède fe détachant fur un fond d'or au-deffus d'un cygne qui reploie fes ailes ? Ici, l'artifte a voulu rappeler, dit-on, le fouvenir d'une princeffe célèbre dans la tradition germanique, & la noble Urfina voit fon nom indiqué, dans cette page magnifique, par une forte de rébus zoographique dans lequel, il eft vrai, les lois de l'étymologie font quelque peu outragées. *Urfus-Cygnus* réunis offrent certainement une légende ; fi ces deux animaux ne fervaient de fupports à des bannières, les aftrologues du xvᵉ fiècle y auraient pu voir auffi deux conftellations. (*Imitation*, 98, 99, 102, 103.)

ES traditions moins obfcures, des fouvenirs moins vagues, fe rattachent parfois à ces fplendides volumes, & leur ingénieufe élégance n'eft bien fouvent deftinée qu'à perpétuer un douloureux oubli ou bien un cruel facrifice. Lorfque ce fils aîné d'Anne de Montmorency, qui fut, comme lui, grand-maître de l'artillerie de France, faifant fes premières armes vers l'année 1551, ne fongeait pas encore à l'alliance de fa maifon avec la maifon de Bourbon en époufant Diane, fille légitimée de Henri II, il avait aimé une des filles de la reine. C'eft pour Louife d'Halluin de Pieynes, dont les aïeux faifaient remonter leur l'illuftration au xiiiᵉ fiècle, que fut exécuté le manufcrit qu'a reproduit l'*Imitation*. (Voyez les pages 188 & 189.) Le jeune François de Montmorency lui offrit ce beau livre comme gage d'une union projetée, peut-être, à la fuite de cette expédition d'Italie, où il avait montré tant de bravoure. Mais, ne comprenant ni les affections du cœur, ni les faints engagements d'une foi jurée, le vieux maréchal, d'accord avec la famille, ne voulut pas donner fon confentement à ce mariage. Après avoir été accepté comme fouvenir d'une pieufe tendreffe, ce livre fut confervé, bien qu'il ne rappelât qu'un amer abandon : puis il fut rendu. Louife d'Halluin de Pieynes, fe retirant au couvent des Filles-Dieu, à Paris, n'eut plus qu'à prier pour celui qui avait dû être fon époux & dont la carrière, terminée en 1579, fut fi orageufe !

ETTE tradition touchante, qui s'attache à un beau livre, nous a tranfporté, un moment, bien loin de l'époque où brillaient les peintres fucceffeurs d'Andrieu Beauneveu.

Autant les noms d'artiſtes étaient rares durant les âges qui viennent de s'écouler, autant, maintenant, ils ſe preſſent & forment des liſtes nombreuſes.

Ces noms, le zèle vraiment admirable des archéologues de notre temps ſait les retrouver où la barbarie ignorante ſemblait les avoir cachés à tout jamais. Après avoir ſcruté laborieuſement des comptes dédaignés, relégués au fond de nos archives, après avoir défait, avec une patience tenant du prodige, les feuilles de parchemin qui ſe mêlent à la reliure des vieux livres, ces ſavants ſont allés dans les arſenaux, &, qui le croirait, c'eſt au milieu d'inſtruments de deſtruction que la moiſſon qui peut vivifier l'hiſtoire a été la plus abondante. Le parchemin écrit employé à la fabricatton des gargouſſes, ravi à de ſplendides manuſcrits, en 93, a révélé à ſon tour des noms & des faits inconnus. Auſſi, grâce à quelques gens de goût dont les noms viennent à la mémoire de tous, l'hiſtoire de l'art français, ſi complètement méconnue, il y a trente ans, donne-t-elle au XIXe ſiècle, le ſpectacle d'une vraie renaiſſance.

§ XVIII.

 ERS l'époque où la Flandre poffédait un peintre minia-
turifte qu'elle proclamait fans héfiter comme étant le
premier artifte de fon âge, la France en avait un dont
elle faifait moins de bruit, & qui eft refté néanmoins
comme le type le plus pur dans lequel s'eft réfumé l'art français du
xvᵉ fiècle.

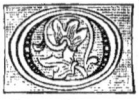 N l'a dit avec raifon, Foucquet eft, pour la France, la plus
complète & la plus haute manifeftation de notre art na-
tional. C'eft en réalité à M. Augufte de Baftard que re-
vient l'honneur d'avoir affigné à ce grand artifte le rang qui lui appartient. C'eft à M. Léon de Laborde & à M. Vallet de Viriville que nous
devons les premiers renfeignements à l'aide defquels on peut reconfti-
tuer fa biographie.

Jehan Foucquet (nous fuivons ici l'orthographe de M. P. Paris)
naquit à Tours, vers 1415 ou 1420, car on n'a pas la date précife de
fa naiffance; ce qu'on fait d'une manière pofitive, c'eft que la capitale
de la Touraine était, à cette époque, le centre d'un mouvement artif-
tique que les poètes contemporains ne fe laffent point de vanter. Rien
n'égalait, dit-on, les richeffes de la cathédrale & la fplendeur des ornements qu'on y admirait.

> La châffe avez de faint Martin fi noble,
> Qu'on n'en voit point jufqu'à Conftantinoble
> De fi grant pris, car tous les rois de France
> Y ont donné pierres de grant chevance.

 ANS les monaſtères, même hors de la ville, ſe trouvaient des œuvres d'art, que le vieux poète contemporain de Foucquet ne ſe laſſe pas de vanter; il veut ſurtout que, ſans négliger les vingt-deux paroiſſes ouvertes alors à la piété des fidèles, on viſite ce monaſtère de Saint-Saturnin où un bas-relief incomparable attirait tous les étrangers. (Voyez le *Livre des Blaſons*, publié par Méon.)

SANS quitter ſon pays natal, Jehan Foucquet peut donc s'initier à tous les ſecrets de l'art, tels que devait les poſſéder le peintre de plate peinture au xvᵉ ſiècle. Il était d'ailleurs à cette école féconde qui devait produire les Coulombes, les Heſdin & les Rigot. Il ne ſe contenta pas de cet enſeignement, & il ſe rendit en Italie, à Rome même, où il pratiqua la grande peinture. Il y était en 1440, & l'on affirme qu'il y avait peint le portrait du pape Eugène IV, portrait précieux à mentionner pour l'hiſtoire de l'art, & ſur lequel M. Vallet de Viriville a donné d'intéreſſants renſeignements, mais qui ne prouverait pas, ſelon nous, que l'artiſte eût été choiſi dans l'indigence où ſe ſerait trouvée l'Italie de peintres expérimentés. De retour en France, il ſe maria, & il eut deux fils, Louis & François, auxquels il enſeigna ſon art & qui s'y montrèrent aſſez habiles pour qu'on les ait confondus avec leur père dans les éloges que l'on prodiguait à celui-ci.

A Tours & à Paris, Foucquet ſe livra excluſivement à la peinture des manuſcrits. Il était dans la première de ces villes en 1472, lorſqu'il vint à Blois pour travailler aux Heures ſplendides de Marie de Clèves, ducheſſe d'Orléans & de Milan. Louis XI l'employa, & il prit dès lors le titre de *bon painctre & enlumineur du Roy*. Sa réputation alla croiſſant, &, quelques années plus tard, lorſque ſon nom venait ſous la plume du chroniqueur, il n'était guère déſigné ſans que quelque épithète, témoignant de l'admiration générale, montrât en quel honneur il était dans l'opinion de ſes contemporains. Lorſque Lemaire de Belges le nomme, après Maiſtre Roger, l'orfèvre éminent de cet âge, c'eſt Jehan Foucquet *en qui tout loʒ s'employe*. Pélegrin l'inſcrit également parmi les plus fameux.

ARVENU à ce degré de réputation où un artifte n'aperçoit plus guère de rivaux qui puiffent lui difputer le premier rang, Foucquet fe vit à même d'acquérir des biens con-´fidérables & M. de Laborde nous l'a montré poffédant, à Paris même, des propriétés qui, fi elles ne renouvelaient pas pour lui l'exemple d'une fortune acquife uniquement par l'exercice de la calligraphie, comme cela était arrivé à l'égard de Flamel, prouvaient du moins que le fiècle qui l'admirait n'avait pas été ingrat envers lui. Jehan Foucquet pourfuivit fa carrière, felon toute apparence, jufqu'en 1485.

Malgré la haute réputation qui s'attacha aux œuvres de cet artifte éminent durant près d'un fiècle, en dépit des éloges qui lui avaient été prodigués, même après l'apparition des Clouet & des Godefroy, le nom de Jehan Foucquet n'était plus guère répété parmi nous, difons-le même, il était oublié, lorfque M. le comte Augufte de Baftard entreprit de lui rendre le rang véritable qu'il devait occuper dans l'hiftoire de l'art français.

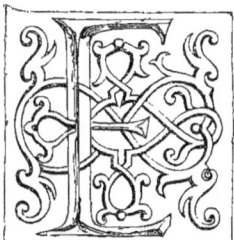

N 1837, l'écrivain que nous venons de citer difait à M. P. Paris, à propos du grand artifte qu'il venait de réhabiliter : « Digne précurfeur de Léonard de Vinci, d'Albert Durer, d'Holbein & de Raphaël, Foucquet prend un vol fi élevé qu'on doit lui donner place parmi ces grands maîtres & le nommer déformais avec eux. Et fi l'on obferve qu'au moment où le peintre de Louis XI nous apparaît ainfi dans toute la hauteur de fon génie, le plus ancien des quatre que je viens de citer n'était pas encore né pour les arts, puifqu'il n'avait pas vingt ans, on ne peut s'expliquer comment le nom de cet homme prodigieux, une des gloires du XVe fiècle, le chef d'une école célèbre, ne fe montre ni dans les ouvrages confacrés à l'hiftoire de la peinture, ni dans aucun de ces nombreux recueils qui confervent inutilement le fouvenir de tant de gens obfcurs & de talents médiocres. » (Voyez le *Catalogue des Manufcrits français de la Bibliothèque royale*, t. II, page 267.)

Cet éloge si enthousiaste, & si mérité cependant, est inspiré à M. de Bastard par un admirable volume, qu'on peut considérer, dès à présent, comme l'un des joyaux les plus précieux de la Bibliothèque impériale. Commencé en 1416 pour le duc de Berry, il figure dans le catalogue des livres de ce prince sous le titre des *Anciennetés des Juifs selon la sentence de Josèphe,* puis il appartient à Jacques d'Armagnac, duc de Nemours. Le beau livre des *Antiquités Judaïques,* si savamment décrit par M. P. Paris, sous le n° 6891, a trop vivement préoccupé les premiers critiques du siècle pour que nous tentions de résumer ici ce qui en a été dit; nous nous contenterons de rappeler que ce magnifique volume n'est pas dû tout entier au célèbre artiste de Tours : Robertet nous l'apprend. Un peintre contemporain fort habile, Pierre de Limbourg, en a fait la plus grande partie ; onze peintures seulement dans ce manuscrit sont dues, comme le rappelle très bien M. de Bastard, au pinceau de Foucquet, & parmi ces miniatures vraiment admirables, la critique fait encore un choix ; elle met en première ligne : la Prise de Jéricho, la Construction du Temple de Salomon, la douleur de David à la vue du diadème & du bracelet de Saül, & surtout la Clémence de Cyrus envers les Juifs captifs à Babylone. Ici, nous nous associons pleinement à l'auteur de la vaste collection connue sous le nom de *Peinture des Manuscrits :* « Ce tableau est supérieur à tout ce qui nous reste de l'école française de cette époque. »

Tout ce que l'on a pu découvrir sur l'ensemble de l'œuvre de Jehan Foucquet, & même sur les travaux de ses élèves, au rang desquels figurent ses deux fils, a été l'objet d'un travail spécial, fait en ces derniers temps par M. Vallet de Viriville, bibliothécaire de l'Ecole des Chartes. Nous devons nécessairement y renvoyer le lecteur. (Voyez notre *Liste bibliographique.*) Nous rappelons cependant que l'*Imitation* ne reproduit, parmi ses peintures, aucune des illustrations citées jusqu'à ce jour par les critiques allemands ou français. Ce n'est ni à la Bibliothèque impériale, ni au Musée de Munich, si fier, à juste raison, de ses 90 miniatures, ni même au livre d'Heures, exécuté pour Etienne Chevalier, le contrôleur général des finances sous Charles VII, qu'on a cru devoir faire un emprunt. Le spécimen destiné à mettre en évidence la manière de Jehan Foucquet a dû être tiré d'un manuscrit où l'art des ornements ne fût pas d'un art inférieur à celui des figures. Ces conditions se trouvaient dans un magnifique volume qui porte aussi le titre d'*Antiquité des Juifs;* il nous a merveilleufement fervi. Cependant, l'exactitude d'attribution qu'on doit attendre de notre part, dans une œuvre confciencieufe, nous oblige à le dire : ce beau livre, fur lequel fe taifent les écrivains les plus récents, & qui nous a fourni quelques-unes de nos plus belles pages, n'eft en réalité que l'œuvre de difciples habiles. Jehan Foucquet fe complaît d'ordinaire dans l'incomparable ordonnance de fes petits tableaux, dans la variété charmante de fes compofitions ; ici, fes élèves ont mis tout fon génie dans la grâce de l'ornement. (Voyez les pages 114, 115, 118, 119, 130, 131, 134, 135, 146, 147, 150, 151, 156, 157, 238, 239.) Nous ne faurions donc trop prémunir le lecteur contre la penfée que le charmant *Jofèphe* de l'Arfenal eft de la main du peintre de Louis XI; des parties infiniment plus récentes ont été mêlées à l'ornementation du livre. Commencé pour la cour de Bourgogne avant 1477, il n'a été fini, felon toute apparence, que dans les premières années du xvie fiècle.

Ainfi que cela nous eft attefté, même par un écrivain du xve fiècle, Foucquet laiffa après lui une école.: outre fes deux fils, Brêche, le jurifconfulte tourangeau, cite Jean d'Amboife, Bernard & Jean de Pozay. Poyet, qui fe voua prefque exclufivement à l'ornementation calligraphique, & dont il fera queftion plus loin, paraît avoir occupé le premier rang dans cette pléiade d'illuminateurs nouveaux qui créèrent les chefs-d'œuvre du xvie fiècle.

Il nous ferait aifé de dreffer des liftes nombreufes : ce ne font déformais ni les œuvres, ni les noms qui manquent. Léon de Laborde, Héris, le P. Cahier, H. de Viel-Caftel & bien d'autres chercheurs infatigables ne laiffent fur ce point rien à défirer. Bientôt de courtes biographies fuccéderont aux noms ifolés, & des lacunes regrettables feront comblées. Alors, fans doute, outre les élèves fucceffeurs de Foucquet, Marmion, *le fouverain efcripvain, prince d'enluminure,* le calligraphe Pierre de la Noube, Jean Goffard de Maubeuge, que fes contemporains nomment le nouveau Zeuxis, Boniface de Remenant, qui illuftre le Boccace, Jehan Riveron, que nous allons bientôt voir employé par Anne de Bretagne, & tant d'autres que nous paffons à deffein, pourront fervir à nous faire comprendre ce que fut le développement de l'art, furtout fi l'on joint à ces noms ceux que nous donnent Pélegrin & Lemaire.

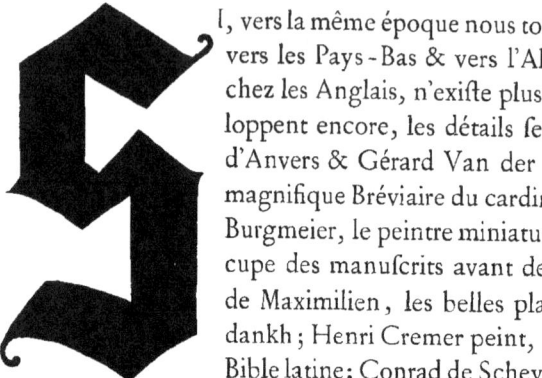I, vers la même époque nous tournons nos regards, vers les Pays-Bas & vers l'Allemagne (car l'art, chez les Anglais, n'existe plus), les listes se développent encore, les détails se multiplient. Liévin d'Anvers & Gérard Van der Meere exécutent le magnifique Bréviaire du cardinal Grimaldi ; Hans Burgmeier, le peintre miniaturiste allemand, s'occupe des manuscrits avant de dessiner, par ordre de Maximilien, les belles planches du Thewerdankh ; Henri Cremer peint, à Mayence, sa belle Bible latine ; Conrad de Scheyren illustre ses énormes volumes ; Jean de Spire, Jean de Weglheim, Jean de Carniole, font l'honneur du couvent de Mœlke. La ville de Nuremberg, dans ce mouvement artistique, ne saurait se reposer, & elle nomme parmi ses illuminateurs, Frère Jean Rosenbach ; bientôt elle donnera naissance à Albrecht Durer, le plus grand artiste de la Renaissance : c'est le temps, du reste, où un Antiphonaire, qui n'a pas moins de huit volumes, prend à Catherine Carthacuserin, douze années d'un patient labeur pour en enrichir la même ville. Jean Gobelin de Lintz écrit, vers cette époque, la belle *Cité de Dieu,* qui fut calligraphiée à Mantoue, & dont l'*Imitation* reproduit quelques peintures. (Voyez pages, 66, 67, 70 & 71.)

En Allemagne, comme en France, on le sait, la Cité de Dieu de saint Augustin ouvre ses pages symboliques aux innombrables fantaisies que rêve l'illuminateur. Dans notre pays surtout, la traduction de Raoul de Presle popularise un texte si favorable à la composition. Il n'est pas de grande bibliothèque, pour ainsi dire, qui ne renferme cette œuvre de saint Augustin. Parfois, la poursuite d'une perfection idéale trahit, chez le calligraphe, son amour de l'art. S'il a au fond du cœur la modestie ingénue, qui lui fait cacher à jamais son nom, il n'a pas une résignation suffisante pour livrer sans regret à la postérité une œuvre qu'il n'a pu amener à sa perfection. Le beau volume grand in-folio, honneur de la Bibliothèque Ste-Geneviève, que nous avons si souvent mis à contribution, porte, sur toutes ses marges, l'expression de ce regret ; partout le pauvre religieux s'écrie : *hastiveté m'a brûlé.* Et dans cette devise du cloître, qui témoigne tout au moins de l'obéissance infatigable du vieux moine, on devine les défirs de perfection infinie qui ont tourmenté le cœur d'un véritable artifte. (Voyez les pages 88, 89, 96 & 97.)

C'était prefque un habitant du cloître que ce grand miniaturifte allemand que l'on connaiffait, au XVe fiècle, fous le nom de Thomas de Hoemmerlein, qui s'appelle, dans les traités latins, *Malleolus*, & auquel l'*Imitation* a donné une réputation menfongère, puifque c'eft un grand peintre & non pas un fublime écrivain. Thomas à Kempis, dont nous voulons parler ici, remplit l'Allemagne de fes beaux manufcrits. Chanoine régulier du monaftère de Ste-Agnès, il travailla jufqu'à quatre-vingt-dix ans, & ne s'éteignit qu'en 1471. Ses Heures ornées pour Catherine, la duchefle de Clèves, paffent à bon droit pour un chef-d'œuvre, & c'eft par ce beau livre qu'il faut clore ce que nous avons à dire fur l'art chez les Allemands.

§ XIX.

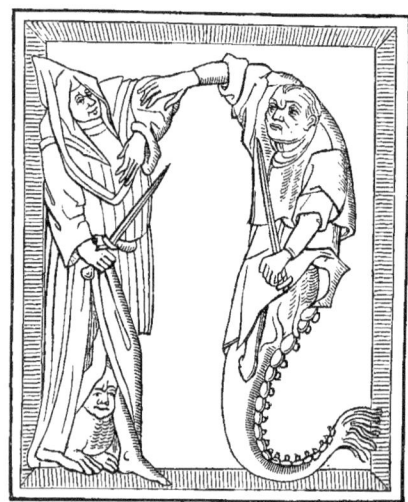

ULLE part l'admiration pour les miniaturiſtes ne fut portée à un plus haut degré qu'en Italie. Au xvᵉ ſiècle, elle impoſa à quelques miniaturiſtes un ſurnom deſtiné à rappeler leur aptitude & la juſte renommée dont ils jouiſſaient. Franciſco & Girolamo dai Libri offrent un exemple du degré de réputation auquel pouvaient parvenir les grands artiſtes qui ſe livraient excluſivement à l'ornementation des manuſcrits ; on peut joindre à ces deux noms célèbres ceux de Nicolas Piſani & de Franciſco Veroneſe.

A cette époque, l'art italien ſe lie à l'art français, grâce à un moine ſolitaire, objet d'une légende touchante & que l'on a ſurnommé le *Monge des îles d'Or*. Franciſco d'Oberto appartenait à la noble famille des Cibo de Gênes ; entré dans les ordres, il était chargé de la ſurveillance d'une riche bibliothèque, celle qui était raſſemblée aux îles de Lérins. Au temps où il vivait dans le monde, on le ſuppoſe, car les détails nous manquent ſur ce point, il avait conçu une paſſion profonde pour Eliz de Baux, comteſſe d'Avelin. Etait-ce cet amour malheureux qui l'éloignait de la ſociété des hommes ? Avait-il conçu, avant

d'en être atteint, la réfolution de s'enfevelir dans la folitude? On
montre encore, & nous avons vifité au fond d'un étroit vallon de l'île
de Porquerolles, la plus étendue des îles d'Hyères, un petit monaftère
où il peignit fes chefs-d'œuvre. Selon Noftradamus, l'hiftorien fi naïf
des troubadours, Francifco d'Oberto n'eut point de rival dans fon art.
La Vaticane renferme aujourd'hui une œuvre capitale qu'a illuftrée fon
pinceau : c'eft une *Vie des Troubadours* écrite par d'Harmentières. Voué
primitivement au fervice de la mère du roi René, il peignit pour cette
princeffe un livre d'Heures d'une exécution charmante, qui a été vu
jadis par Millin. Un moment nous avions penfé que le beau manufcrit confervé à la Bibliothèque de l'Arfenal, & qui fervit de Bréviaire
à René, pouvait être l'œuvre du moine folitaire (voyez les pages 330,
331); le fimple examen de ce livre fait évanouir une telle fuppofition.
Francifco d'Oberto mourut en 1408, & le livre que nous rappelons
ici eft d'une époque bien poftérieure. (Voyez Alphonfe Denis, *Pro-
menade pittorefque à Hyères*, & Valery, *Voyage en Italie.*)

L'art, tel qu'il était pratiqué en Italie au XVᵉ fiècle, eft repréfenté
dans l'*Imitation* par deux grands artiftes, Nicolas Polani & Fiorentino
Attavante ou Atavante. Ils font tous deux dans l'éclat de leur talent
vers le milieu du fiècle, mais Attavante pourfuit fa carrière par delà
l'année 1480. On fuppofe qu'il enlumina un *Silius Italicus*, vrai chef-
d'œuvre, confervé aujourd'hui dans la Bibliothèque de St-Marc, à
Venife. Néanmoins quelques perfonnes lui conteftent l'honneur d'a-
voir illuftré ce beau livre. Il n'en eft pas de même à l'égard des
Hiftoires de Paul Orofe, dont la Bibliothèque de l'Arfenal possède un
fi riche manufcrit. Il ne le faut pas oublier, ce précieux volume n'eft
pas feulement une admirable relique de l'art, tel qu'il était pratiqué
par l'artifte favori de Corvin, c'eft un débris de cette bibliothèque de
Bude, fondée avec tant de foin chez un peuple qui échappait à la
barbarie, & que des mufulmans plus barbares difpersèrent par le
monde. (Voyez les pages 1, 4, 5, 94 & 95.)

Polani donne fa belle *Cité de Dieu* vers 1459, & il y déploie toute
la richeffe de l'ornementation italienne. (Voyez les pages 162, 163,
166 & 167.) Le Rituel de Lodi, par Palavicini fait déjà prévoir ce que
fera l'art du XVIᵉ fiècle. (Voyez les pages 180 & 181.)

L'art italien reparaît encore avec tout fon charme dans le *Romuléon*, exécuté au xvᵉ siècle pour un seigneur espagnol de la maison d'Albornoz. (Voyez les pages 228 & 229.) On peut classer parmi les œuvres de style italien la belle *Cité de Dieu* calligraphiée à Mantoue, car elle fut exécutée par Jean Gobelin de Lintz, clerc du diocèse de Trèves, qu'il faut ranger sans doute parmi les artistes allemands, mais qui, attaché à la maison de l'évêque de Teano, vers l'année 1459, s'était formé sur les chefs-d'œuvre de l'Italie. (Voyez les pages 66, 67, 70 & 71.)

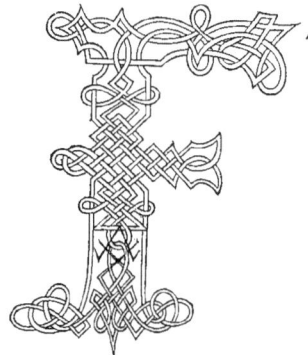

AISONS connaître une vraie merveille de la typographie ornée, telle qu'on l'a comprenait alors chez les Italiens. Elle nous permettra de consacrer un souvenir à l'un des plus grands artistes de cet âge. Oubliée de tous jusqu'à ce jour, l'œuvre d'un humble religieux franciscain, que l'on nomme à peine, nous a conservé l'une des plus délicates conceptions de l'immortel Léonard de Vinci. Grâce au livre intitulé : *Le divine proportione delle Lettere*, de F. Luca Paciolo, on a pu reproduire dans leur harmonieuse symétrie, les belles majuscules dont l'auteur de la Cène a pris plaisir à orner un livre que nul ne connaît aujourd'hui, & dont l'abbé Guyon de Montléon nous a affirmé jadis avoir vu l'original à Milan, peint de la main du grand Léonard. (Voyez les pages 98, 99 & 101 de cette Notice & la Note bibliographique du Catalogue, nº 117.)

Hâtons-nous de le dire, nul maître de l'école italienne n'a cru abaisser son génie en le consacrant à l'ornementation des livres : Pérugin, Raphaël lui-même, affirment plusieurs voyageurs, se font inscrits parmi les illuminateurs de leur temps. Non-seulement le *divin jeune homme*, comme l'appelle l'Allemagne, a ployé son génie aux minutieuses exigences de cet art, mais le noble vieillard qui fut son rival, se fit une gloire d'illustrer ainsi le poème dont il méditait sans relâche les immenses conceptions. C'est Châteaubriand qui nous l'a dit. N'ayant pu édifier à Dante lui-même le magnifique tombeau qu'il avait rêvé. « Michel-Ange, dont le ciseau fut trompé dans son espérance, eut recours à son crayon pour élever à cet autre lui-même, un autre maufolée : il deffina les principaux fujets de la *Divina Comedia* fur les marges d'un exemplaire in-folio des œuvres du poète. Un navire qui portait de Livourne à Civita-Vecchia ce double monument, fit naufrage. »

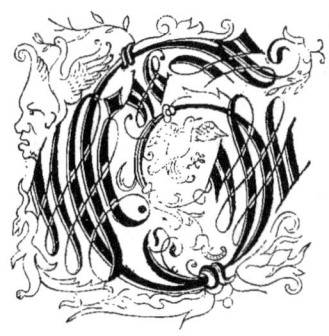

ARDONS encore un fouvenir, vers lequel la *Divine Comédie* nous ramène, pour le nom d'un artifte que les Italiens mettent toujours en tête de leurs plus célèbres illuminateurs. Tel eft en effet l'efpèce de culte qui s'attache, à Rome même, au fouvenir de Julio Clovio, qu'un *Dante* dont les peintures ont été exécutées par lui, eft réfervé à la Vaticane comme une relique fainte, & que la peine d'excommunication frapperait le curieux imprudent qui oferait tranfporter le précieux volume hors de la place qu'il occupe. (Voyez la *Paléographie univerfelle*.)

Julio Clovio n'était cependant pas italien : né à Grifone, dans la Croatie, vers 1498, il appartenait à cette race flave qui eft fi heureufement douée pour les arts, & les Romains eux-mêmes fe plaifaient à l'appeler D. Jules le Macédonien ; c'eft ainfi même que le défigne toujours un miniaturifte fameux de la Péninfule, Francifco de Holanda, qui le proclame fans héfitation le premier illuminateur du fiècle, réfervant pour lui avec la même franchife le fecond rang. (Voyez le comte Raczynski, *Les Arts en Portugal*.)

Devenu chanoine régulier, mais rendu à la vie féculière par la volonté du pape, Julio Clovio était venu réclamer les confeils de Jules Romain, & plus tard Girolamo dai Libri, le peintre de Vérone, lui avait accordé les fiens ; bientôt il n'eut plus de rival. Ce miniaturifte confommé dans fon art, exécutait parfois de véritables peintures qui euffent pris tout à coup un afpect grandiofe, fi quelque génie eût pu leur donner d'autres dimenfions. Vafari, qui avait été à même de contempler ces petites merveilles, fe plaît à nous raconter que les figures de quelques unes d'entre elles n'excédaient pas les dimenfions d'une fourmi, *la mifura di una picciola formica*. De longues années s'écoulaient, comme on doit le fuppofer, dans l'accompliffement de ces imperceptibles chefs-d'œuvre, auxquels certains ſouverains, tels que le grand-duc de Toſcane, par exemple, conſacraient des ſommes vraiment fabuleuſes. Giulio Clovio ne mit pas moins de neuf ans à peindre une proceſſion romaine, dont les figures ne pouvaient ſe comparer, pour la petiteſſe, qu'à celles de l'Office de la Vierge, écrit par le fameux Monterchi.

Le nombre de livres ornés par cet artiſte, dont l'authenticité ne laiſſe pas de doute, eſt infiniment reſtreint ; on n'en connaît pas à Paris d'une manière abſolue (ſi ce n'eſt chez un amateur anglais, M. Mayor). Néanmoins M. Waagen penche à juſte titre, pour que l'on accorde cet honneur à l'un des manuſcrits de la Bibliothèque impériale, qui reproduit un Pſautier latin ſous le n° 702, & la Bibliothèque de l'Arſenal réclame cet honneur, avec plus de raiſon peut-être, pour un *Paul Oroſe* de la plus fine exécution. En Angleterre, M. Schaw n'en cite que deux : le Miſſel de la collection Townley & le Miſſel de la collection Grenville. Le roi de Naples s'était paſſionné pour ce talent merveilleux, ſi bien que les bibliothèques de l'Italie méridionale pourraient renfermer encore quelque œuvre inconnue due à ſon pinceau délicat. Clovio vécut juſqu'à l'âge de 80 ans, & répandit en bonnes œuvres le produit d'un art charmant qui l'avait promptement enrichi.

Ce grand miniaturiſte a peint des figures plus que des ornements ; ſa biographie ne pouvait être oubliée dans une eſquiſſe de l'hiſtoire de l'art ; ſes pages ne pouvaient être réſervées aux marges de l'*Imitation*.

On ne dit rien ici des ſcribes de profeſſion répandus en Italie ; ils ſont plus nombreux encore que les peintres. Au temps de Charles-Quint, Aluno de Ferrare efface, par une ſorte de prodige calligraphique, qui ne s'eſt pas renouvelé, dit-on, après lui, les prodiges admirés en ce genre durant les âges précédents : ſans employer aucune abréviation, il parvient à écrire le *Credo* & le *premier chapitre de l'Evangile ſelon ſaint Jean*, ſur un diſque de vélin auquel un ſimple denier d'Italie avait ſervi de patron. (Voyez le *Bulletin du Bibliophile*.) Vaſari n'a pas craint d'inſcrire le nom d'un maître écrivain (comme on diſait alors en France) parmi ceux des plus grands peintres. D. Jacopo de Florence, camaldule du monaſtère des Anges, efface, au XVIe ſiècle, tous les calligraphes produits juſqu'alors par la Toſcane, & même, ajoute le célèbre critique, par le reſte de l'Europe.

§ XX.

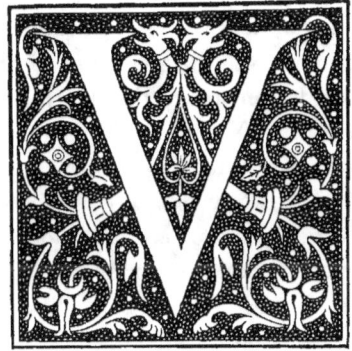

OICI un nom auquel fe rattachent dans l'hiftoire deux précieux fouve-nirs, c'eft celui de la reine Anne de Bretagne. Cette princeffe encouragea d'abord Jehan Clouet le père ; plus tard, elle fit exécuter les Heures. Ce chef-d'œuvre que nul peintre n'a figné, a rendu populaire le nom de la reine Anne & le tranfmettra aux âges à venir.

Elle était encore enfant ; elle venait de quitter fes fraîches campagnes de Bretagne pour vifiter le jardin de la France ; elle fe trouvait à Tours, en un mot, lorfqu'elle s'éprit du talent de ce Jehan Clouet qui, arrivant de Flandres vers 1480, héritier de l'art des maîtres, voulait fe fixer à la cour, & devait commencer la lignée d'artiftes auxquels notre pays doit tant de merveilles. Douée d'un goût exquis, la jeune ducheffe l'employa. Jehan, que diftingue dès lors un talent hors de ligne, devint, en 1485, père de ce Clouet dit Janet, collègue de Bourdichon & de Perreal : c'eft le fecond des Clouet, auteur des deux ravif-fants portraits équeftres de François Ier, dont l'un fait partie de l'admirable cabinet de Sauvageot. François Clouet dit Janet, comme on fait, eut la gloire d'être chanté par Ronfard. Il n'y a nul doute, felon nous, que fous le nom de Jehan, le premier des Clouet, celui que diftingua la reine Anne, ne doive s'infcrire au premier rang parmi les peintres de livres. Son petit-fils eft l'incomparable artifte auquel on doit un beau portrait de Henri II, de telle dimenfion qu'on peut peut-être le mettre au nombre des miniatures. Les trois Clouet ne ſauraient être rangés cependant, d'une manière abſolue, parmi les illuminateurs du xvᵉ & du xviᵉ ſiècle.

Il n'en eſt pas de même à l'égard de Jehan Bourdichon ; il figure à bon droit parmi les peintres habiles auxquels s'adreſſait Anne de Bretagne, lorſqu'elle voulait faire enluminer ſes livres d'Heures & ſes Miſſels. Jean Bourdichon, toutefois, n'eſt pas l'auteur des célèbres Heures exécutées vers 1497.

Lorſque la penſée s'applique à déſigner un ou deux chefs-d'œuvre de l'art, qui l'emportent ſur toutes les produćtions contemporaines, elle héſite, on le ſait, entre quelques merveilles, honneur des muſées ; il en eſt de même à l'égard des manuſcrits. Il y a, dans les bibliothèques de l'Europe, trois ou quatre ſplendides volumes, dont la prééminence eſt inconteſtée, dont la beauté efface celle des œuvres rivales. Les Heures d'Anne de Bretagne ſont de ce nombre. (Nº 119 du Catalogue.)

Cet admirable volume, longtemps conſervé à la Bibliothèque impériale, fait, aujourd'hui, partie du Muſée des Souverains. Il a été terminé dans les premières années du xviᵉ ſiècle, mais, depuis, confondu avec bien d'autres livres de ce genre. A une époque où l'on dédaignait, de la manière la plus abſolue, les produćtions de nos vieux calligraphes, Millin le proclamait l'honneur de l'art français.

Le nom des maîtres qui ont peint les figures principales eſt reſté juſqu'à ce jour ignoré : M. Léon de Laborde ſuppoſe, d'une manière très plauſible, que ces figures ſont dues à des élèves infiniment habiles de Jehan Foucquet. Le même myſtère n'exiſte pas, heureuſement, à l'égard des délicieux ornements qui couvrent les marges du livre. Ces fleurs de nos champs, reproduites avec une vérité ſi gracieuſe, ces fruits, qui ſont à la fois un ſymbole & un ſouvenir aimable, ſont dus, en partie du moins, à Jehan Poyet, l'enlumineur renommé jadis, oublié maintenant, que célèbrent Lemaire de Belges & Pélegrin.

Il faut faire intervenir, de toute néceſſité, parmi ces poétiques ſouvenirs, un compte puiſé en de vieux inventaires ; mais ce compte ne laiſſe guère de place au doute, ſi on l'examine ſans préoccupation. On lit dans les papiers provenant des archives de la ducheſſe, au temps où elle réſidait en Touraine, à propos d'un Miſſel dont la date correſpond, on ne peut mieux, à celle que nous venons d'inſcrire : « Et à Jehan Poyet, *enlumineur & hiſtorieur*, demourant au dićt Tours, la somme de sept-vingt treize livres trois sols tournoys, pour avoir faict ès dictes Heures, 23 histoires très riches, 271 vignettes & 1500 verses. (En géométrie on appelle sinus *verse* d'un angle.) »

« Poyet, a dit M. Léon de Laborde, faisait sa spécialité de ces entourages & les exécutait avec une naïveté, une bonhomie toute flamande ; mais, aussi, avec une grâce, une élégance, un éclat de couleur entièrement français. » (Voyez la *Renaissance des arts à la cour de France.*)

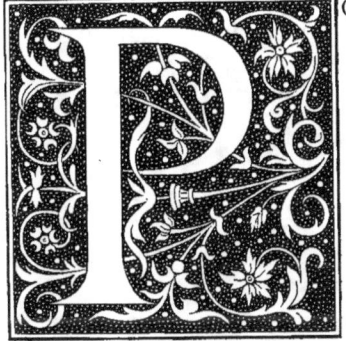

OUR la calligraphie du livre & les belles lettres ornées, nous livrons encore aux curieux deux autres noms. On lit, dans les comptes du trésorier de la duchesse, depuis reine à double titre : « A Jehan Riveron, escripvain, demourant à Tours, pour avoir escript à la main unes petites Heures, que la dicte dame a faict faire à l'usaige de Romme & avoir fourny de vélin (3 septembre 1497), quatorze livres. »

Nous trouvons, parmi des documents appartenant à une autre source, qu'un second calligraphe, Jean Desmarets, se dit *escripvain* d'Anne de Bretagne.

Nous laissons à la critique le soin de discuter la valeur des noms & d'établir les inductions qu'on peut tirer de certaines dates ; mieux vaut dire ici un mot seulement, de l'image naïve, incomparable par la grâce de son exécution, qui représente la reine Anne & les dames de sa cour.

Un connaisseur, dont nous avons invoqué plus d'une fois le témoignage, a dit, avec une exquise vérité, en parlant de l'épouse de Charles VIII, en sa première jeunesse : « Qui n'a présent à l'esprit le portrait de cette bonne reine, dont l'expression douce, le teint éclatant & la propreté recherchée étaient la beauté ! Qui ne lit avec une sorte d'indiscrète curiosité les soins minutieux de sa toilette, la recherche du linge le plus fin… » Comment oublier « ces *tourets de front & de nez*, qui formaient autour de son frais visage un de ces encadrements dont nos Sœurs de la Charité ont conservé le coquet usage. A ce linge, il fallait la douce odeur de la violette ou des roses de Provins. Des sachets étaient faits dans ce but, & ce beau linge, relevé par les plus riches atours, s'aſſociait aux fourrures d'hermine ou d'agneaux blancs à la laine longue & crêpée. »

C'eſt le poète de la Bretagne, c'eſt Brizeux qui, en ſouvenir, peut-être, de cette image charmante, nous a peint une jeune femme en prière :

> . . . . blanche & ſereine,
> Le front couronné d'or comme une jeune reine.

& a ſu terminer ce tableau d'une aimable piété, en ajoutant :

> Tous les yeux, tous les cœurs, étaient remplis d'amour.

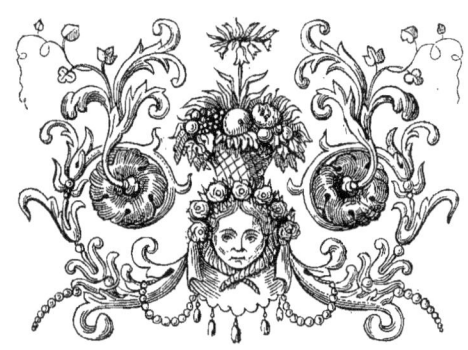

§ XXI.

MINIATURISTES DU XVIe SIECLE. — TEMPS DE FRANÇOIS Ier ET DE HENRI II. — FONDATION D'UNE ACADEMIE DE CALLIGRAPHES SOUS CHARLES IX. — UNE MANIE DEPLORABLE DE HENRI III.

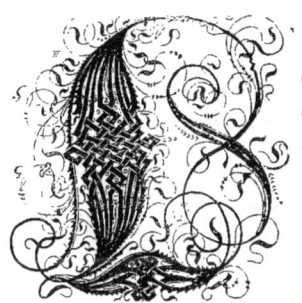

'HISTOIRE de la calligraphie ornée & de la peinture dans les manufcrits, finit en réalité avec le règne de Louis XII, lorf- que l'imprimerie a pris fon effor. L'hiftoire des calligraphes ne finit pas encore. On ne fent plus le befoin de recourir, fans doute, à la patience d'habiles artiftes pour multi- plier les livres ; mais, les miniaturiftes qu'ont produits les temps féconds de la Renaiffance confervent en- core longtemps une prédilection marquée pour cet emploi de leur talent. Plufieurs fouverains encouragent d'ailleurs cette branche de l'art. François Ier & Charles-Quint font deux protecteurs magnifiques de la calligraphie expirante : plufieurs papes, plufieurs cardinaux les imitent. Charles-Quint a un illuminateur en titre.

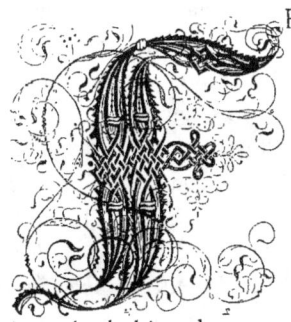

RANÇOIS Ier appelle à fa cour le plus favant calligraphe qu'ait produit la Grèce : Ange Végèce ou Vergèce, fuivi de fa fille prefque auffi habile que lui, vient fe fixer à Fontainebleau. Divers manufcrits, confer- vés à la Bibliothèque impériale, font des témoins irrécufables du double talent qu'on admirait chez le père & chez la fille ; une locution proverbiale, dont l'origine eft ignorée de bien des gens qui en font ufage, journellement toutefois, témoigne auffi de cette renommée vraiment populaire. On dit encore de nos jours : *Il écrit comme un Ange;* au xvie ſiècle, cette façon de parler proverbiale était, dit-on, un hommage rendu à l'incomparable talent du calligraphe de la cour.

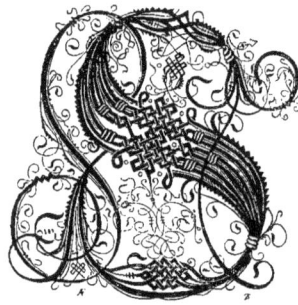

I nous citons un grand artiſte étranger, combien il nous ſerait plus facile de multiplier les noms des peintres français. Tours, Lyon, Blois, Valenciennes, Lille, Troyes, Chartres, Limoges, Amiens, ces villes populeuſes, luttent d'efforts avec les couvents d'Italie ou d'Eſpagne, &, comme l'affirme le *Livre des Blaſons*, peuvent fournir à la cour,

Paintres de pris & bons faiſeurs d'ymaiges.
Subtils, plaiſans, ſans faire aucuns oultraiges.

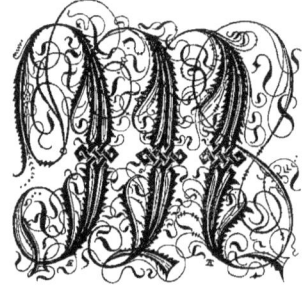

AIS le curé de Meudon, qui a compris la puiſſance croiſſante de l'imprimerie, ſemble mettre en doute, dès ce moment, la néceſſité d'encourager l'art des enlumineurs & la recherche des emblèmes qu'ils reproduiſaient : il n'y voit plus que de la *beſlerie* & même de l'*oultrecuydance*, c'eſt ainſi qu'il traite du moins, un livre *trapelu*, Le *Blaſon des couleurs*. (Voyez le catalogue de la Bibl. Ste-Geneviève.)

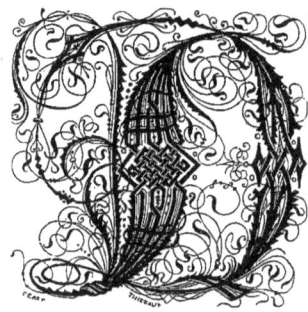

ES le début du ſiècle, cependant, ces peintres ſéculiers prenaient leur art au ſérieux. En 1501, on doit nommer, parmi les enlumineurs qui pouvaient être auſſi des peintres habiles, un Eſtienne Dumonſtier, père de la lignée d'artiſtes qui va illuſtrer ce nom. Son fils, Geoffroy Dumonſtier, partage, en 1553, les travaux du Roſſo. Jean Seuclat, Raimond Rancard, Pierre Raymon, l'illuſtration de Limoges; Jacques-le-Boucq, à la fois héraut d'armes, peintre & généalogiſte, traité encore ſérieuſement de rival d'Apelles; Michel Coulombes, le couſin du grand ſculpteur & du

grand architecte, peut-être le fils de Joseph ; le P. Rouchon, qui n'avait pas employé moins de 22 ans à l'ornementation du même livre
(le Bréviaire de St-Jacques-la-Boucherie) ; Pierre Martin, autre Apelles d'une ville provinciale ; Jehan Mariſſal, dont la famille s'eſt perpétuée juſqu'à nous, & qui floriſſait à Calais ; Louis Maigret, l'honneur
de Lyon ; Nancy, peintre & calligraphe renommé ; Maiſtre Goudet,
pariſien, dont Belon le naturaliſte vante l'habileté ingénieuſe, & tant
d'autres qu'il faut paſſer ſous ſilence, peuvent certainement accroître
la liſte, déjà longue, que nous fournit Pélegrin. Le plus éminent de
ces artiſtes, toutefois, c'eſt ſans contredit un peintre qu'il faut mettre
à côté d'Andrieu Beauneveu, de Jehan Foucquet & de Perreal : Godefroy nous fut envoyé, très probablement, par la Flandre, & vint
ſe fixer à Fontainebleau. On a la certitude qu'il peignit, de 1519 à
1520, le beau manuſcrit des *Commentaires de Céſar*, qui appartint à
François Ier, & il eſt l'auteur de ce charmant *Triomphe de Pétrarque*,
que l'on admire à la Bibliothèque de l'Arſenal.

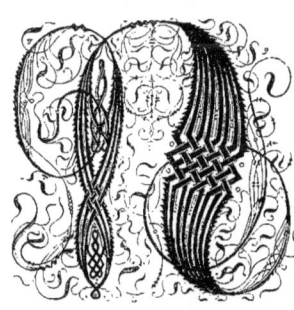 partir de François Ier, le promoteur de tant
de merveilles, juſqu'à la fin du xviie ſiècle,
l'hiſtoire des livres ornés n'offre, pour ainſi
dire, plus de myſtères, & chaque ſplendide
volume ſe place à ſon rang & ſuit, dans les
catalogues, l'ordre chronologique des ſouverains & des hauts perſonnages auxquels
il a appartenu. Les plus grands noms de la
monarchie ſe lient naturellement ici, à la
réminiſcence des époques les plus remarquables de notre hiſtoire &
parfois à celle des cataſtrophes les plus lamentables. Qui ne ſe ſent
attaché par des penſées graves, ou bien ému par des ſouvenirs douloureux, à la vue du Bréviaire d'Anne de France & des Heures du duc
de Guiſe, de Marie Stuart, de Henri IV ? Qui n'éprouve un mouvement de curioſité, en feuilletant ce magnifique volume dans lequel
Diane de Poitiers a laiſſé des marques nombreuſes d'un goût vraiment
exquis ? L'*Imitation* a multiplié à deſſein ces reliques de l'art (on nous
paſſera le terme), qui, tout en charmant le regard, préſentent à la
mémoire de grands enſeignements. (Voyez les pages 213, 90, 91,
356, 266, 267, 270, 271 & 344.)

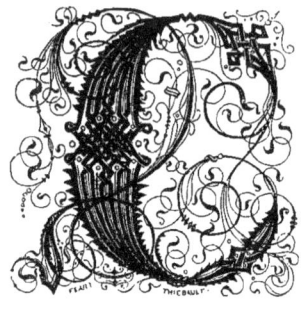

OMME plusieurs de ses prédécesseurs, Charles IX s'était épris de la calligraphie ornée. Il avait puisé, dès son enfance, ce goût pour les beaux livres, dans les Heures magnifiques que lui avait léguées Henri II. Ce fut sous son règne que les calligraphes réunis en société régulière fondèrent, au mois de novembre 1570, l'Académie d'écriture de Paris, qui subsiste encore de nos jours, & qui continue à admettre dans son sein les artistes dépositaires des bonnes traditions.

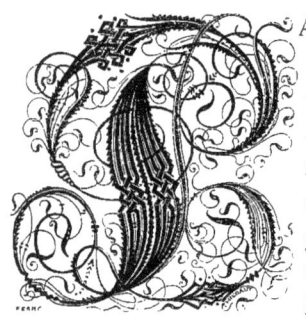

APYRE Masson nous apprend que ce souverain avait attaché à sa personne l'un des plus grands calligraphes du siècle; c'était ce Pierre Hammon qui, né à Blois, était à la fois un habile miniaturiste, un écrivain instruit, &, nous en avons la certitude, un grand géographe comme son contemporain Guillaume-le-Testu. Après avoir enseigné le roi, Hammon Blésien, c'est ainsi qu'il se nomme lui-même, eut le tort de Bernard de Palissy, ce maître immortel des ornemanistes de son temps : il fut emprisonné & il périt de mort violente.

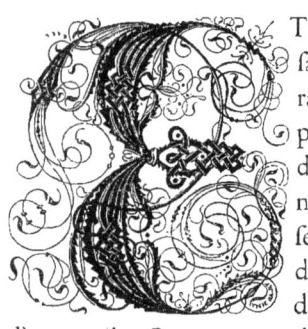

TRANGEMENT séparé des princes de sa race, par quelques années seulement, durant lesquelles la typographie avait accompli ses plus grandes merveilles, le dernier des Valois avait en si peu d'estime les manuscrits magnifiques légués à la France par ses pères, qu'il en faisait l'objet d'un puéril divertissement. Il coupait sans pitié, dit-on, d'admirables vignettes, peut-être les chefs-d'œuvre des Beauneveu, des Foucquet, des Godefroy, & les petites chapelles, les reposoirs de cour, parés journellement de ces ornements sans prix, devenaient ainsi une source permanente de destruction pour les plus riches bibliothèques. Il y avait bien loin, on le voit, de cette

pratique bizarre, à la piété touchante qui avait donné lentement naiſſance aux ſplendides volumes anéantis ainſi en quelques heures.

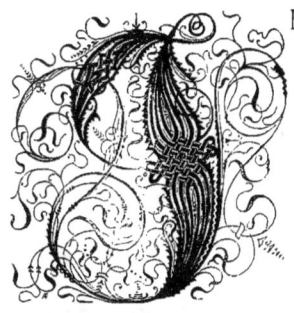

L n'en était pas ainſi de la Péninſule. Depuis
Iſabelle-la-Catholique qui employait, pour
peindre ſes Heures, l'habile Arias, juſqu'à
Philippe II qui prétendait remplir l'Eſcurial
de chefs-d'œuvre calligraphiques, l'Eſpagne voyait ſans interruption ſe multiplier
les beaux livres. Franciſco de Holanda, le
peintre favori de Charles-Quint, la gloire
artiſtique du Portugal, n'était pas encore
oublié. Fray Juan de St-Geronimo venait de s'éteindre avec la réputation d'un ſaint (voyez le t. VII des *Documentos inéditos*), & c'était en
1580 que mourait, dans une des cellules de l'Eſcurial, ce Fray Andres
de Leon, profès de la Mejorada, qui n'avait pas eu de rivaux en ſon art.

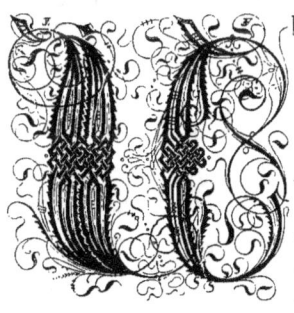

N livre écrit à Lisbonne, en 1612, & dédié
à Philippe III, ſurpaſſe en richeſſe tout ce
qui nous a été tranſmis par le XVIe & le XVIIe
ſiècle. La *Genealogia univerſal de la nobiliſ-
ſima caſa de Sandoval*, conſervée à la Bibliothèque impériale de Paris, eſt non-ſeulement
ornée de belles miniatures, mais, quoique
de format in-folio, a été reliée en plaques de
vermeil couvertes d'émaux armoriés. Non-
ſeulement ce ſplendide volume fait honneur aux peintres eſpagnols &
portugais, mais il atteſte l'incomparable habileté des orfèvres de la Péninſule. L'habile calligraphe auquel on doit cette belle tranſcription
dédiée au duc de Lerme, porte le nom de Duarte Caldeira.

§ XXII.

LES PREMIERS MONUMENTS DE LA TYPOGRAPHIE DESTINÉS A RAP-
PELER CEUX DE LA CALLIGRAPHIE. — ORNEMENTS XYLOGRAPHI-
QUES.

ES premiers parmi
les bibliophiles Van
Praët fit une obfer-
vation que tout le
monde peut vérifier
aifément. Lorfque
le célèbre Colard
Manfion, calligra-
phe & imprimeur à Bruges, im-
primait, en grand format, un de
fes beaux volumes, vers 1474,
« il était dans l'ufage de laiffer,
au commencement de chaque ligne,
un efpace en blanc, de près de la
moitié de la page, afin qu'on pût y
peindre des miniatures. »

En offrant fon beau livre de la *Pé-
nitence d'Adam*, qu'il avait illuftré de cette manière, & dont il fit hommage au feigneur de la Gruthuyfe, le bibliophile le plus zélé de fon
fiècle, Colard Manfion ne trompait plus perfonne : la typographie
naiffante avait accompli fa révolution. Mais, à l'origine de l'imprimerie, les inventeurs de cet art prodigieux eurent d'abord un but, celui
de faire croire à la multiplicité infinie des copies de certains livres,
obtenues d'habiles calligraphes, difait-on (& cependant répandues
au delà de ce qu'on peut attendre de la patience humaine). Ils eurent
furtout une efpérance, celle de faire payer un très-haut prix l'*objet*

d'art, multiplié fecrètement par un procédé mécanique. Dès lors, tout ce qui fe rattachait à l'ornementation des manufcrits dut être, néceffairement, appliqué à l'ornementation des livres. On y fut trompé d'abord ; par la fuite on en fut charmé.

ETTE Notice a pour but de faire connaître la marche fuivie par l'ornementation calligraphique dans fes évolutions diverfes ; elle ne faurait avoir la prétention de fonder les myftères dont le berceau de l'imprimerie eft entouré & qu'a d'ailleurs expofés récemment en maître, M. Firmin Didot, qui possède une fi riche collection d'incunables. (Voyez *Effai fur la Typographie*, 1851.) Nous tenons à conftater l'infinie délicateffe, le goût parfois exquis, la façon toute magiftrale dont procédèrent les vieux artiftes, en fe transformant. (Voyez entre autres les pages 138, 139, 142, 143, 194, 195, 198 & 199.)

Les premiers monuments de l'imprimerie, ceux qui précèdent l'invention à jamais mémorable, où le fublime ouvrier procéda par l'emploi des caractères mobiles, la *Biblia pauperum*, l'*Ars memorandi notabilis per figuras Evangeliftarum*, le *Speculum humanæ falvationis*, &c., &c., font autant de monuments xylographiques, ainfi que la petite grammaire d'*Ælius Donatus*, & fon pendant, le petit vocabulaire défigné fous le nom de *Catholicon*.

Ces livres, car ce font des livres, ont été exécutés grâce au procédé de la gravure fur bois, qui a été mis en œuvre avec date certaine, en 1418, fi l'on admet comme authentique le fpécimen reproduit par Reiffenberg, ou en 1423, lorfque l'on confidère comme premier type le Saint Chriftophe portant l'Enfant Jéfus. (Voyez *La plus ancienne Gravure connue avec une date*. Bruxelles, 1845, in-4°.)

Comme on l'a fait fpirituellement obferver, « dans ces livres, véritable tranfition entre l'art de la gravure & celui de l'imprimerie, fimple acheminement vers la typographie, c'eft toujours l'image qui l'emporte & prend tout l'efpace ; le texte ne fe dégage encore qu'à grand'peine du deffin & n'en eft même, le plus fouvent, que le pâle corollaire. » Il eft bien prouvé aujourd'hui, & les judicieufes obfervations de Marie Guichard doivent confirmer les bons efprits dans cette penfée, que l'impreſſion en caractères mobiles une fois découverte, « on la fit ſervir concurremment avec l'impreſſion tabellaire. » (Voyez le *Livre d'Or des Métiers* & la *Notice* de Guichard ſur le *Speculum humanæ ſalvationis.*)

Quelques-uns des monuments xylographiques parvenus juſqu'à nous, nous offrent des modèles accomplis de l'art. Les plus grands maîtres, Albert Durer & Holbein, ne dédaignent point ce moyen de manifeſter leur penſée. La *Danſe des morts* eſt en réalité un des plus beaux monuments xylographiques qui nous aient été légués par la Renaiſſance, & il ſemble que l'artiſte, à l'heure où il comprenait mieux l'immenſe popularité que ſon œuvre allait acquérir, ait redoublé de génie pour imprimer aux nations une crainte ſalutaire, un dédain abſolu des choſes mondaines, qui en fait, non pas ſeulement un peintre réaliſte d'une incomparable vérité, mais auſſi un vrai philoſophe chrétien.

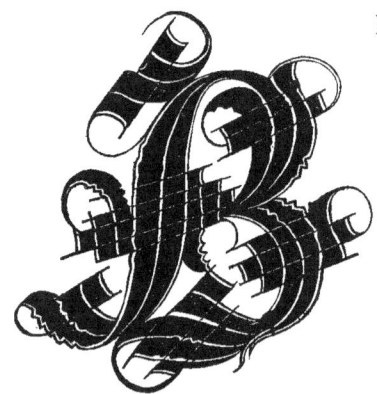 I E N T O T la France poſſédera, dans ce genre de l'ornementation xylographique, des hommes du talent le plus éminent. A partir de 1470, où Ulrich Gering publia les *Epîtres* de Gaſparin de Bergame, premier livre imprimé à Paris, juſqu'au début du XVe ſiècle, des hommes d'un goût éprouvé ſe ſuccédèrent en ce genre. Antoine Vérard, Kerver, Simon Voſtre ſurtout, publièrent des ouvrages de la plus élégante exécution. Philippe Pigouchet, qu'employait de préférence Simon Voſtre, n'a pas de rival pour ſes livres d'Heures, ornés d'encadrements gravés ſur bois, & ce ſont ceux qui ont été reproduits par l'*Imitation*. Pigouchet avait ſi bien le ſentiment de ſa ſupériorité, qu'il vante, avec un naïf orgueil, à la fin de ſes livres, l'élégance ſuprême de ſes impreſſions. Simon Voſtre devint lui-même imprimeur en l'année 1500. C'était le moment où allait briller de tout ſon éclat un autre artiſte vraiment admirable, ce Tory, dont M. Bernard vient de retracer la vie ſi bien remplie.

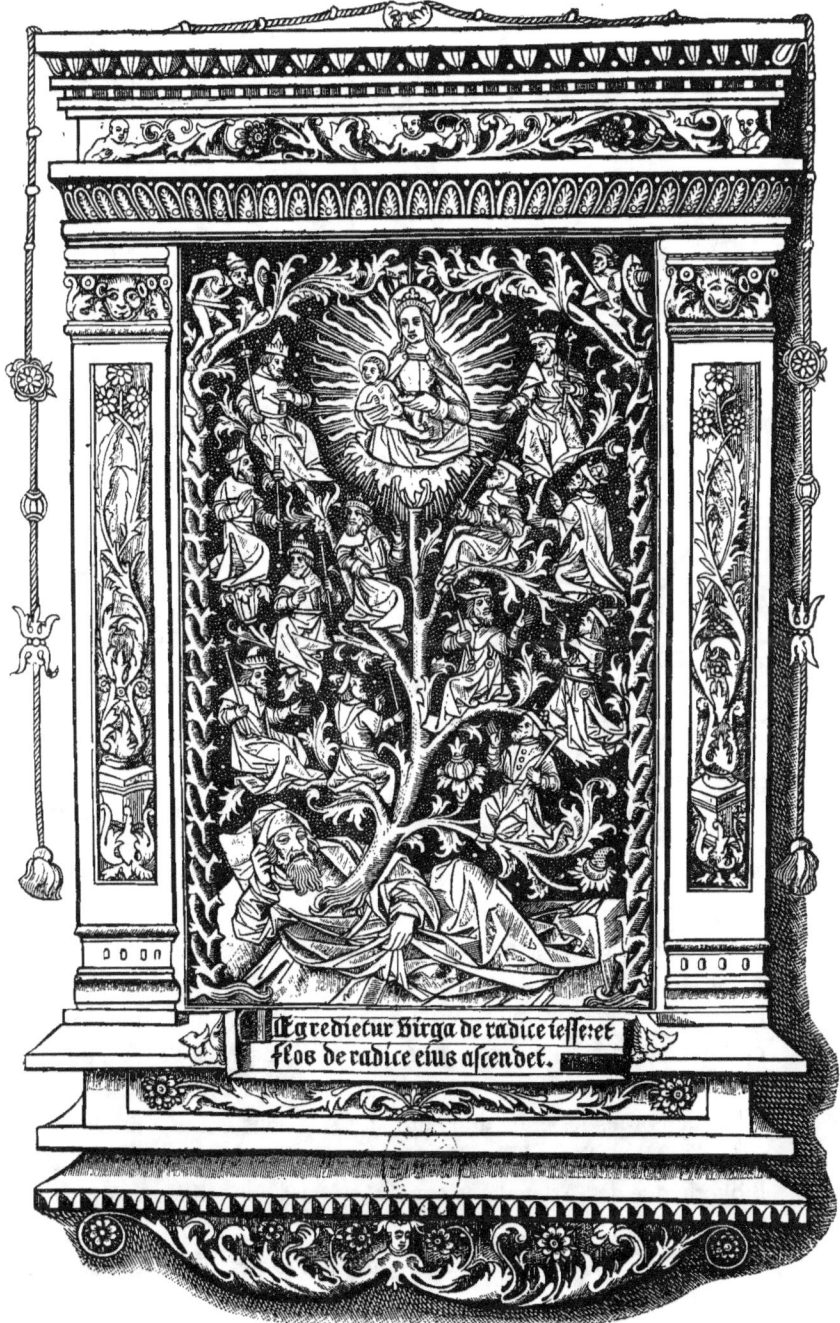

Egredietur virga de radice Iesse: et
flos de radice eius ascendet.

§ XXIII.

FIN DU XVIᵉ SIECLE. — DECADENCE ABSOLUE DE L'ART. — LOUIS XIII
ET LOUIS XIV. — LES DERNIERS MINIATURISTES ET LES DERNIERS
CALLIGRAPHES. — JARRY. — NICOLAS ROBERT. — AUBRIET.

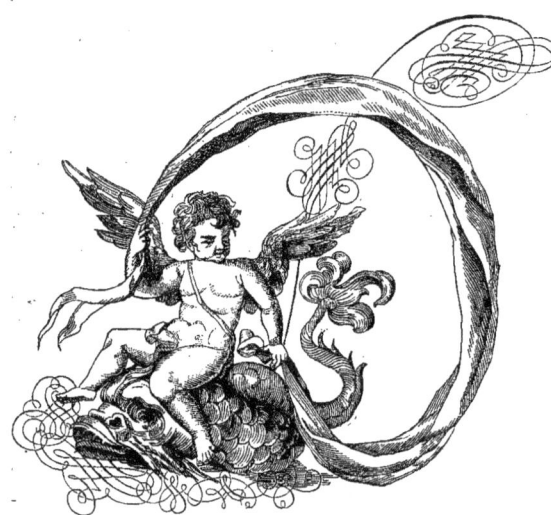

ES que les guerres religieufes, qui eurent lieu durant cette période, commencèrent à fe développer, les livres fe multiplièrent, mais l'art des manufcrits eut à en fouffrir. La corporation des libraires jurés, qui comprenait dans fon fein la fection des *efcri-*

vains, était trop vivace & avait été trop féconde, pour s'arrêter tout-à-coup. Il y eut çà & là quelques beaux volumes, quelques Miffels qu'on peut comparer, fans peine, à ceux des âges précédents, puifque plufieurs d'entre eux font l'œuvre de Louis Duguernier, artifte enlumineur fort renommé à cette époque; mais, à l'exception des livres réfervés aux têtes couronnées, la décadence fe fit fentir vifiblement dans tous les états de l'Europe. C'eft, fans doute, un fplendide volume que ce livre d'Heures de Henri IV, confervé naguère à la Bibliothèque de l'Arfenal, & expofé, aujourd'hui, au Mufée des Souverains, mais l'art délicat du peintre n'a pas fait les frais de fa magnificence. Ce n'eft pas, d'ailleurs, un fimple livre d'Heures; la follicitude maternelle de la reine Marie de Médicis ne lui avait donné tant d'éclat que pour appeler fur fes majufcules, dont l'enfemble forme un alphabet, lés yeux d'un royal enfant. (Voyez les pages 266, 267, 270 & 271.)

Les miniaturiftes habiles, cependant, ne manquaient complètement encore ni au temps de Henri IV, ni à celui de Louis XIII ; il fuffit de jeter un coup d'œil fur la magnifique collection de vélins, honneur de la Bibliothèque du Jardin des Plantes, pour s'en convaincre. Nicolas Robert, le peintre en titre de Gafton, y a répandu tout le preftige d'un talent confommé. En ce temps, l'enlumineur de livres ne s'enfermait plus dans le cloître, il voyageait. L'habile compagnon de Tournefort, Aubriet, confacrait uniquement fon pinceau à reproduire les merveilles de l'hiftoire naturelle.

Pérugin & Raphaël avaient peint des manufcrits ; ainfi que nous l'a fait voir M. Vitet, l'immortel Lefueur ne dédaigna pas de confacrer fon talent à l'illuftration d'une thèfe. (Voyez un art. de la *Revue des Deux Mondes*, 1er juillet 1841.) Nicolas Pouffin eut la même condefcendance, bien que fon génie indépendant en fouffrît, comme il nous l'apprend dans fes lettres. C'était encore un hommage rendu à l'ornementation des livres que ces efforts du grand artifte, travaillant à donner des patrons majeftueux, que les relieurs du roi devaient mettre en œuvre.

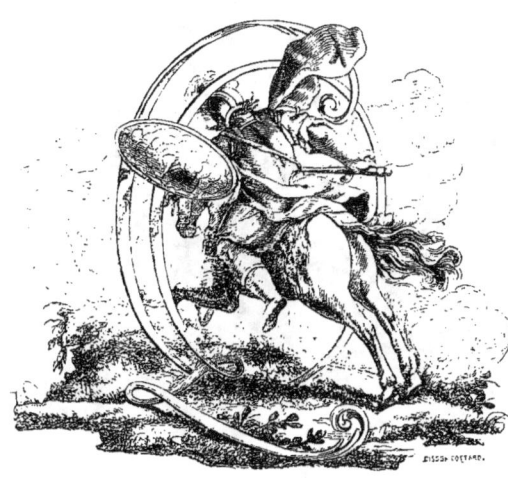

UE devenait alors la calligraphie proprement dite ? La fuprême élégance qu'elle montrait encore au XVIe fiècle, les gracieux caprices dans lefquels on la voyait fe jouer, ce goût varié qui favait fi bien choifir, entre les traits les plus hardis, la pieufe majefté de fes ma-

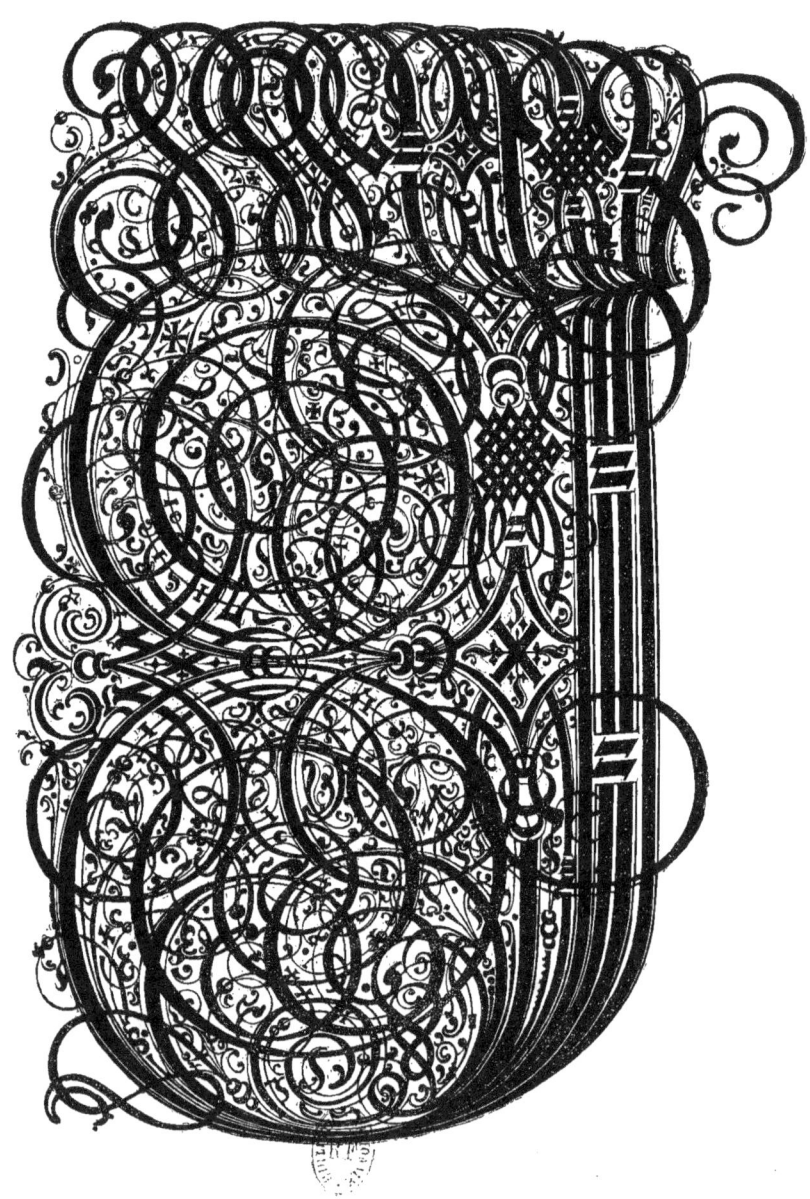

jufcules, tout avait difparu. Ce n'était pas l'imagination qui entraî-
nait la main de l'artifte, c'était le compas qui régularifait fon travail
monotone. Une lourdeur fyftématique pefait fur ces prétendus chefs-
d'œuvre des maîtres écrivains jurés.

La merveille fuprême, le dernier effort du maître d'écriture (car le
maître d'écriture était né), ce fut d'imiter, d'une manière fouveraine-
ment régulière, les caractères de la typographie. Alors, naquirent les
traits à main levée, les majufcules de forme abfurde, réel effroi des gens
de goût. Bien qu'ils aient reçu fous ce rapport une atteinte de leur fiècle,
Jarry & Rouffelet fe préfentent à notre fouvenir comme une exception, & ils ne travaillèrent guère que pour les têtes couronnées.

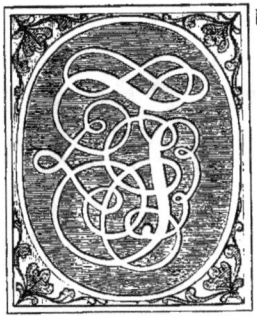ULIE-LUCINE d'Angennes, fille de la
marquife de Rambouillet, &, plus tard, du-
cheffe de Montaufier, infpira un livre charmant, dans lequel furent dépofés les homma-
ges d'une fociété d'élite, adreffés à l'une des
femmes les plus aimables de fon temps. Le dernier monument de la calligraphie ornée, qui
ait confervé une renommée populaire, ne fut
pas, comme on le voit, un de ces livres que
l'on garde dans le tréfor des rois. La *Guirlande de Julie*, deftinée à
perpétuer le fouvenir d'un amour profond, qui avait emprunté au
fiècle fon caractère cérémonieux & chevalerefque, la *Guirlande de
Julie* conferve, après deux cents ans, une réputation inconteftée.
Ecrite par Nicolas Jarry, en 1641, reproduifant ces lettres italiques
régulières, irréprochables, qu'on pourrait comparer à celles qu'em-
ployaient les Alde, bien longtemps avant, fi elles n'avaient moins
d'élégance, elle donne parfaitement l'idée d'un art devenu tout excep-
tionnel. Trois copies in-folio du claffique chef-d'œuvre furent faites
par Jarry en la même année, mais une feule, tranfcrite en lettres ron-
des, fur vélin, renfermait les figures. C'était, on le comprend aifément,
l'exemplaire de choix, deftiné à une préfentation folennelle. Les fleurs
en avaient été peintes par Robert. Le duc de Montaufier put l'offrir
le 1er janvier 1642.

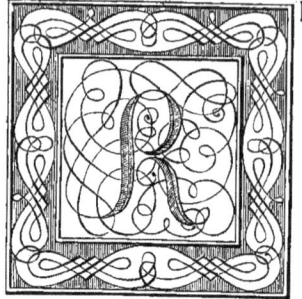

EPRODUISONS ici la defcription qu'en a faite M. Livet, l'un des jeunes écrivains qui ont fu le mieux faire revivre les galantes délicateffes de ce monde choifi. Vingt-neuf fleurs feulement la formaient, « & pour chacune il y eut au moins un madrigal & fouvent plufieurs, puifque ces petites pièces font au nombre de foixante-une, outre la dédicace....... Le corps de l'ouvrage était précédé de huit feuillets dont les trois premiers & le fixième font reftés blancs; le quatrième contient le titre; fur le cinquième eft peinte une guirlande qui entoure ces mots : *La Guirlande de Julie;* une miniature, finement exécutée fur le feptième feuillet, repréfente Zéphyre entouré d'un nuage, tenant dans fa main droite une rofe & dans fa main gauche une guirlande de fleurs, qu'il fouffle légèrement fur la terre. »

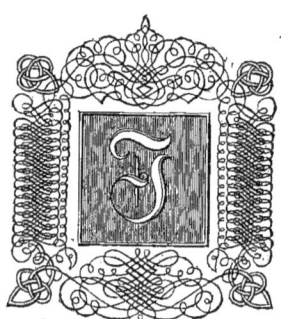

ARRY n'était plus même un de ces calligraphes enlumineurs comme il y en avait encore cinquante ans avant lui; fur la fin de fa carrière, il avait reçu de Louis XIV le brevet d'*Ecrivain* & de *Noteur de la mufique du roi.* Il marchait de pair avec les artiftes le plus en renom.

On a voulu faire voir dans l'*Imitation* ce que l'art du miniaturifte avait produit d'*achevé* (c'eft le terme du temps) au fiècle de Louis XIV, & l'image du jeune roi entouré de cette ornementation magnifique, dont les yeux font à chaque pas éblouis au Louvre ou à Verfailles, dit affez ce qu'était devenu l'art religieux. Cette page néanmoins ouvre, d'une manière toute fplendide, les portes d'un vrai mufée : forte de galerie en miniature, où fe fuccèdent une multitude de chefs-d'œuvre trop longtemps dédaignés. (Voyez le frontifpice de l'*Imitation.*)

Grâce à un élégant volume, publié l'an dernier avec la coopération d'un de nos favants bibliographes, il nous ferait facile de continuer jufqu'à nos jours cet expofé des transformations fubies par l'art de la calligraphie. Les noms de Mlles d'Aligny, Pons de l'Hérault, Sivel; de

MM. Moritz Greiner, H. Delacroix, Baudet, Langlumé, Kraufe, Le Doux, Laroue, Berliner, Quertinier, dont nous avons pu apprécier les productions, nous prouveraient que les Barbedor, les Pétré, les Allais, les Sénault, les Roffignol, ont eu d'habiles fuccefleurs. (Voyez pour· les progrès de la calligraphie au xixᵉ fiècle le Rapport de M. R. Merlin)

Après avoir été oubliée durant trois cents ans, la peinture des manufcrits eft enfin étudiée ; on fent la néceffité de lui faire occuper, dans l'hiftoire de l'art, un rang qu'elle ne quittera plus. Le dernier programme de l'Inftitut eft un appel à l'examen férieux de cet art charmant qui, à l'époque du Dante, & même longtemps après lui, fut une des gloires de la France.

§ XXIV.

ART ORIENTAL

On a déjà vu à quelle antiquité reculée remontait l'ornementation de certains rituels égyptiens écrits fur papyrus. Si les archives de Bénarès, qui renferment environ 15,000 manufcrits, ou celles de quelque autre ville facrée de l'Inde nous étaient ouvertes, il eft probable que d'antiques peintures ornant les grands poèmes, honneur de l'Inde, viendraient accroître nos richeffes en ce genre. L'ornementation des livres était pratiquée, dans l'Hindouftan, à une époque que la paléographie orientale ne peut clairement affigner, &, jufqu'au moment où quelque artifte hindou fera pour les livres ce que Ram-Ras a fait pour l'architecture, un doute prudent devra, dans ces matières délicates, diriger les recherches de l'Européen. Nous faifons remarquer en paffant, néanmoins, que le climat de la prefqu'île de l'Inde eft bien moins favorable que celui de l'Egypte à la confervation des livres. Les grands poèmes, tels que le Mahâbhârata & le Râmâyana, les autres livres fanfcrits, tels que les Védas Itihâfas & les Pourânas, fe montrent encore aujourd'hui ornés dans ce ftyle effentiellement original, qu'il ne faut pas confondre avec celui des peuples conquérants. Un volume dans lequel on a tenté de réunir l'élite des peintures de tous les pays & de toutes les époques, eût préfenté une lacune, fi quelque fpécimen n'eût pas montré ce qu'eft, à côté de l'art hellénique, l'art charmant dont le drame de Sakountala nous fait foupçonner, en poéfie, la gracieufe originalité. (Voyez les pages 110 & 111.)

Il en eft de même à l'égard de l'art des Chinois, art bien autrement connu & fi vulgaire aujourd'hui, qu'il s'eft mêlé comme à notre infu à l'ornementation de nos étoffes & des meubles de nos falons. Les Chinois, comme on fait, poffédaient l'imprimerie dès le VIIe fiècle de notre ère : c'eft, pour ainfi dire, l'époque où commence parmi nous l'ornementation des manufcrits. Un livre d'une étendue confidérable

pourrait donc être confacré aifément à la paléographie & à la xylogra-
phie des Chinois; difons plus, les noms, ici, feraient peut-être plus
multipliés que dans l'hiftoire de l'art occidental, & ce qu'il y a de curieux,
on pourrait y voir figurer des noms d'artiftes français. Le P. Altiret,
mort à la Chine en 1768, était un peintre fi goûté de l'empereur, qu'il
fut fur le point de l'élever à la dignité de mandarin. Un autre jéfuite
italien, Caftiglione, était dans le même cas. Il eft bon de le rappeler
ici, le plus célèbre des peintres chinois dans les temps modernes,
Lamquoi, écrivit, vers l'année 1681, un livre intitulé : *Le Fan-Qui*, dans
lequel fe trouve analyfé le fyftème de la peinture chinoife. (Voyez les
pages 378, 379, 382, 383.) Nous renvoyons également à l'article que
donna jadis, fur les peintures chinoifes, un finologue, J. Hager, auteur
d'un livre fur les médailles chinoifes du cabinet impérial de France.

L'art oriental qui nous eft le plus familier toutefois, fe préfente ordinai-
rement à notre penfée fous la forme que lui ont donnée les Arabes. Il
n'eft perfonne qui ne fache aujourd'hui quel degré de magnificence
certains princes mahométans ont déployé dans l'ornementation du
Coran & de quelques autres livres religieux. (Voyez les pages 374,
375.) Cafiri nous apprend tout ce qu'il y avait de richeffes en ce genre
dans les bibliothèques de l'Andaloufie. Pour n'offrir ici qu'un exemple
du luxe de reliure offert par certains manufcrits des Arabes, nous
fignalerons l'exemplaire du Coran qui avait été écrit tout entier de la
main d'Othman. Ce livre fut porté en Efpagne, & Abd-el-Rahman
le confervait à Cordoue; il tomba au pouvoir des Almohades, à l'époque
où ils firent la conquête de la Péninfule. L'un de ces princes, zélé mufulman, fit couvrir le fplendide volume de lames d'or enrichies de diamants, & quand les troupes fe mettaient en marche pour quelque
expédition, dit M. Charles Romey, un chameau, fuperbement enhar-
naché, portait devant eux le faint livre, renfermé dans une caffette
revêtue de drap d'or. De viciffitude en viciffitude, ce précieux Coran
eft paffé dans les mains des Turcs & fait partie des tréfors des fultans.
(Voyez l'*Hiftoire d'Efpagne*, t. 1ᵉʳ, page 465.) Selon ce que nous ra-
conte un favant orientalifte, l'abbé Bargès, ce ferait à Maroc que ce
Coran magnifique aurait été enrichi de fes joyaux les plus précieux
par Abd-el-Moumen-Ben-Ali. Sa reliure n'aurait peut-être pas reçu
des diamants auxquels la taille n'avait pas encore donné leur merveilleux éclat, mais bien des perles fines, des rubis & des émeraudes, les

plus belles que le fultan avait pu fe procurer. « Les fils & fucceffeurs de ce prince, marchant fur fes traces, fe plurent à enrichir la couverture de nouveaux joyaux, de nouvelles pierreries de grand prix, en forte qu'à la fin les planchettes fe trouvèrent entièrement recouvertes d'ornementation. » Durant une bataille fanglante où fuccomba Saïd, ce livre, qui repréfentait à lui feul un tréfor d'un prix ineftimable, tomba entre les mains d'un foldat qui, après l'avoir dépouillé de fa couverture, le jeta comme objet de rebut. (Voyez l'*Hiftoire des Beni-Zeiyan, rois de Tlemcen.* Paris, 1852, pages 19.)

De tous les peuples orientaux, les Perfans font bien certainement ceux chez lefquels la calligraphie eft le plus en honneur. Cet amour pour les beaux livres & les fplendides ornements de l'écriture remonte même à une haute antiquité. Manès ou Many, l'héréfiarque célèbre qui fut mis à mort par ordre de Behram en 274, doit être infcrit en tête des calligraphes célèbres de la Perfe. On ferait un livre s'il fallait dénombrer ici tous les artiftes fameux en ce genre que nomment avec orgueil les Perfans, en y ajoutant ceux qu'a vus naître l'empire mufulman du Mogol. Les plus beaux fpécimens hindo-perfans que l'on poffède à Paris, font confervés à la Bibliothèque impériale, feétion des eftampes. Deux volumes furtout font dignes d'admiration. L'un eft intitulé : *Dames & Seigneurs de la Perfe ;* l'autre, qui renferme les portraits des fouverains mogols, porte le nom de Manuci, le favant voyageur qui le rapporta des Indes. Manuci était un habile médecin vénitien, qui, après avoir parcouru l'extrême Orient au xviie fiècle & avoir été attaché au fervice de la cour, revint en Italie, vers l'année 1691.

En tout ce qui regarde les arts du deffin, les Perfans ont un grand avantage fur les Arabes & fur les Turcs. Ils font *Schiites*, & par conféquent ils ne craignent pas de faire intervenir la repréfentation de la figure humaine parmi les ornements les plus délicats de la calligraphie. Par l'enfemble de ces ornements eux-mêmes, il y aurait une curieufe étude à faire des allégories que les Orientaux emploient dans leurs œuvres d'art. Pour ne parler que des fleurs & des oifeaux qui reviennent fi fouvent dans la peinture des livres, la rofe eft l'image de la divinité, le narciffe eft le fymbole de celui qui fe confacre à Dieu, l'âme pieufe eft repréfentée par la violette, le roffignol cache une allégorie d'un ordre plus élevé, c'eft encore l'âme, mais elle afpire à fe réunir au Très-Haut. (Voyez Reinaud, *Monuments Arabes, Perfans & Turcs.*)

La littérature fi riche des Perfans a fourni des textes nombreux propres à exercer le talent des calligraphes & des illuminateurs. La grande épopée, connue fous le nom de *Shah Nameh*, ou le livre des rois, le poème de *Medjnoun & Leïla*, qu'a traduit avec tant de charme M. de Chezy & qui eft dans la mémoire de tous les Orientaux, *Youffouf & Zuleïka* dont la renommée n'eft pas moindre, les poéfies myftiques de Saadi & tant d'autres, font illuftrés par les pinceaux les plus habiles. Chez les Orientaux, comme chez nous, le xve & le xvie fiècle paraiffent avoir été l'époque brillante de la peinture des livres. On fe tromperait étrangement néanmoins, fi l'on fuppofait que cet art s'eft éteint en Perfe. Il fleurit plus que jamais à Téhéran; le jeune fouverain actuel, Nacir-Eddine-Shah, eft un appréciateur du goût le plus délicat, en tout ce qui regarde l'ornementation des livres. Ainfi que nous l'apprend un des orientaliftes les plus habiles de notre époque, M. Alex. Chodzko, on exécute en ce moment, par les ordres de ce fouverain, un manufcrit unique, reproduifant les contes des Mille & une Nuits & enrichi de beaucoup de poéfies qui ne fe trouvent pas dans le texte arabe. Ce livre merveilleux, confié aux calligraphes en renom, a coûté déjà fept années de travail affidu & exigera probablement le même efpace de temps pour être achevé; la fomme confacrée jufqu'à ce jour à ce que l'on appellerait chez nous fa mife en train, équivaut environ à 300,000 fr.

S'il ne nous a pas été donné de puifer à ces merveilles, encore ignorées de l'Occident, ce n'eft ni les manufcrits fplendides, ni la fcience obligeante des orientaliftes qui nous a fait défaut pour orner l'*Imitation*. Un voyageur célèbre, le prince Grégoire Gagarin, nous a ouvert les pages fplendides de fon livre (voyez les pages 106 & 107), & le favant confervateur de la Bibliothèque de l'Arfenal, M. Grangeret de la Grange, a communiqué, pour enrichir l'*Imitation*, ce que fon goût éclairé a réuni de plus beau fur l'art oriental.

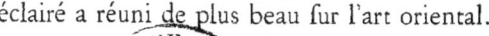

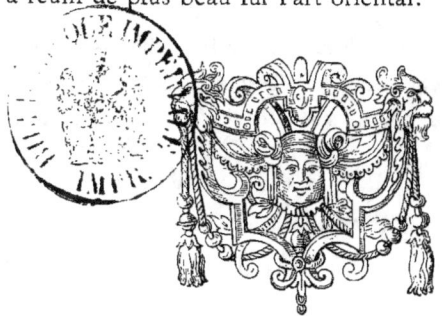

TABLE

www.ingramcontent.com/pod-product-compliance
Lightning Source LLC
Chambersburg PA
CBHW071549220526
45469CB00003B/956